Anja Schäfer

24 ABENTEUER
AN GOTTES SEITE

Fear-less

WAHRE GLAUBENS-
GESCHICHTEN

Illustriert von Astrid Shemilt

Hänssler

5. Auflage

Max-Eyth-Straße 41 · 71088 Holzgerlingen
haenssler.de

Lektorat: Rebecca Schneebeli
Gesamtgestaltung und Illustrationen: Astrid Shemilt, München
Druck und Bindung: Drukarnia Dimograf Sp. z o.o.
Gedruckt in Polen
ISBN 978-3-7751-5985-2
Bestell-Nr. 395.985

INHALT

VON TOBIAS MERCKLE

Willst du was erleben? Willst du, dass dein Leben ein Abenteuer wird?

Dann lies dieses Buch voller Geschichten starker Frauen und Männer: Musiker, Schriftsteller, Influencer, Unternehmer, Missionare, Menschenrechtler, Waisenheimgründer, Engel für die Armen, Motivationsredner, Pastoren, Gemeindegründer, Vergebende, Vortragsredner, für den Glauben Verfolgte und Gefangene, Gründer einer Schwesternschaft, Mitarbeiter von Hilfsorganisationen, Präsidentenberater, ...

Viele von ihnen waren nicht schon immer stark, so wie zum Beispiel Flavio Simonetti, der in der Schule gemobbt wurde, Klassenschlechtester und erfolglos war, obwohl er doch so gern Erfolg haben wollte. Bei einem Straßenrennen hat er sein Auto um einen Baum gewickelt! Aber als er sein Leben und damit auch seine Gaben in den Dienst Gottes stellte, wurde er erfolgreich – nicht mehr für sich selbst, sondern für Gott. So wurde er Deutschlands erster erfolgreicher Fitness-Youtuber.

Von Vorbildern kann man nur lernen. Deshalb lohnt es sich, ***Fearless*** zu lesen. Auch ich wurde sehr geprägt durch das Lesen von Büchern. Mit 16 Jahren las ich *Das Kreuz und die Messerhelden* von David Wilkerson. Er ging als Pastor nach New York und arbeitete dort mit Straßenbanden. Vielen half er, aus den Gangs herauszukommen und einen neuen Lebensweg einzuschlagen. Beim Lesen entstand bei mir der Wunsch, irgendwann auch einmal mit Bandenmitgliedern oder Kriminellen zu arbeiten. Nach der Schule entschloss ich mich deshalb, bei der von David Wilkerson gegründeten Drogenreha *Teen Challenge* ein Soziales Jahr zu machen. Dort fand ich meine Lebensberufung für die Arbeit mit Gefangenen und baute nach 13 Jahren Vorbereitung eine Alternative zum Gefängnis auf. (*www.seehaus-ev.de*)

Beim Lesen der Lebensabenteuer ist es daher wichtig, nicht nur zu denken: »Toll, was die gemacht haben«, sondern zu überlegen: »Was kann ich machen? Wie kann ich mein Umfeld, wie die Welt verändern?« Jeder kann etwas auf die Beine stellen – in der Schule, im Freundeskreis, in der Aus-

bildung. Malala oder Greta Thunberg haben auch klein angefangen, aber sie haben die Welt auf Missstände aufmerksam gemacht und ganze Bewegungen gestartet.
Welche Bewegung willst du starten? Auch dir hat Gott Gaben und Fähigkeiten geschenkt. Frage Gott, wie du sie für dich, für deine Mitmenschen und für Gott nutzen kannst! Wenn du dein Leben und deine Gaben unter Gottes Führung stellst, dann wird auch dein Leben ein Abenteuer. Fang mit kleinen Abenteuern an, lass andere Gottes Liebe durch dich erfahren und sei gespannt, was noch alles auf dich zukommt!

Viel Spaß beim Lesen – und beim Überlegen, was dein Lebensabenteuer, deine Lebensberufung sein kann!

Tobias Merckle

GLADYS AYLWARD

1902–1970

SCHAUSPIELERIN ZU WERDEN, das wäre schön, dachte Gladys. Sie war siebzehn, der Erste Weltkrieg war gerade vorüber und sie arbeitete als Dienstmädchen in London. Sie genoss es, nach den langen Arbeitstagen ihren einzigen freien Abend der Woche im Theater zu verbringen. Doch die Schauspielerei war ein ferner Traum. Noch niemand hatte sie je als hübsch bezeichnet. Sie war klein und sah mit ihren glatten schwarzen Haaren und dunklen Augen sehr fremd aus in England. Sie war lustig und konnte gut erzählen, das schon, aber mit ihrem Aussehen haderte Gladys und gute Noten hatte sie in der Schule auch nicht gehabt.

Als sie wieder einmal frei hatte, wollte sie ins Theater gehen und kam unterwegs an einer Gruppe lachender junger Leute vorbei, die vor einer Kirche standen. Aus Jux wurde sie von ihnen in die Mitte genommen und eingeladen, mit in die Kirche zu kommen. Jemand öffnete die Tür, sie wurde hineingezogen – doch die Gruppe verschwand gleich wieder nach draußen. Gladys sah sich irritiert um und blickte in freundliche Gesichter.

In eine Kirche hatte sie doch nie gehen wollen! Als eine ältere Frau ihr einen Platz anbot, ließ sie sich widerwillig nieder. Und gegen ihre Absicht traf die Predigt sie tief. Der Prediger sprach davon, dass wir eines Tages vor Gott treten werden und er beurteilen wird, wie wir gelebt haben. In Gladys löste dieser Gedanke eine so große Unruhe aus, dass sie einige Tage später beim Prediger zu Hause klingelte. Er war nicht da, doch seine Frau bat Gladys herein. Sie erklärte ihr, dass Jesus Frieden schenken kann, weil er die Fehler unseres Lebens wie von einer Tafel abwischt, damit wir fehlerlos vor Gott treten können. Später erzählte Gladys, dass dieser Moment zu den wertvollsten ihres Lebens gehörte: »Gott machte mich bereit, mich ihm ganz zu übergeben.«

In den nächsten Jahren erzählte sie anderen viel über ihren Glauben und begann, sich für China zu interessieren. In diesem riesigen Land hatten bisher die wenigsten Menschen von Jesus gehört. Gladys bewarb sich bei der China-Inland-Mission, doch nach einer dreimonatigen Probezeit schickte man sie nach Hause: Sie habe keine große Auffassungsgabe und werde nie die schwierige chinesische Sprache lernen können. Gladys war frustriert, aber sie gab nicht auf. Sie sparte eisern, um auf eigene Faust nach China zu reisen. Als sie von einer über siebzigjährigen Missionarin in Nordchina hörte, die sich Hilfe wünschte, kaufte sie das Zugticket. Richtig gelesen, ein Zugticket von England nach China! Mehr war nicht drin. Die Fahrt dauerte vier Wochen und brachte Gladys an den Rand ihrer Kräfte. Als der Zug wegen kriegerischer Kämpfe in Russland nicht weiterfahren konnte, musste sie stundenlang durch eisigen Schnee stapfen. Einmal wurde sie verhaftet, erhielt jedoch Hilfe und kam schließlich nach einer weiteren Schiffsreise und einem langen Ritt mit einer Eselkarawane bei der alten Missionarin Frau Lawson an.

Die kauzige Schottin lebte in einem heruntergekommenen Haus mit großem Innenhof, das Gladys erst einmal bewohnbar machen musste. Es lag an der Stadtmauer eines Ortes, an dem viele Eselkarawanen vorbeikamen. Als Gladys Chinesisch gelernt hatte, eröffneten sie und Frau Lawson hier eine Herberge für die Eseltreiber: Erst wurden die Esel und die Treiber versorgt, dann erzählten sie ihnen Geschichten aus der Bibel. Schließlich wurde Frau Lawson krank und starb. Daraufhin führte Gladys die Herberge allein weiter, aber sie wünschte sich auch, den Bewohnern der einsamen Bergdörfer ringsum die Nachricht von einem liebenden Gott zu bringen. Gott beantwortete diesen Wunsch auf überraschende Weise: Der Mandarin, der Regierungschef jener Gegend, kam eines Tages zu ihr, um sie zur »Fußinspektorin« zu machen.

Dazu muss man wissen, dass in China früher sehr kleine Füße als schick bei Frauen galten. Deshalb wurden – so unglaublich das heute für uns klingt – den Mädchen die Zehen umgebogen oder sogar gebrochen und mit Bandagen festgebunden. So verkrüppelten die Füße und den Frauen passten winzige Spezialschuhe, in denen sie nur noch trippeln konnten. Doch dieser grausame Brauch sollte nun endlich abgeschafft werden und das sollten alle erfahren, was in diesem großen Land gar nicht so einfach war. Weil Gladys gesunde Füße hatte und noch dazu mutig war, wählte der Mandarin sie aus, stellte ihr zwei Soldaten und einen Eseltreiber zur Seite und erlaubte, dass sie in die Dörfer ihr Buch mitnahm, für das sie mittlerweile berühmt war – die Bibel. So brachte Gladys den Mädchen die Freiheit für ihre Füße und allen Dorfbewohnern die Freiheit, die ein Leben mit Jesus bedeutet.

Eines Tages traf Gladys eine Frau, die ihr ein Mädchen zum Kauf anbot. Vermutlich gehörte sie zu einer Kinderhändler-Bande, die damals

Mädchen entführten. Gladys tat das Mädchen so leid, dass sie das wenige Geld bot, das sie dabeihatte. So kam das erste Kind in Gladys‹ Missionsherberge. Chang, ihr chinesischer Koch, nannte es Ninepence nach dem Geld, das Gladys für das Kind bezahlt hatte. Wenig später brachte wiederum Ninepence einen kleinen Waisenjungen mit, den sie gefunden hatte, und kurz darauf zwei weitere Kinder. Gladys befreite viele weitere Kinder von einer Kinderhändler-Bande. So wurde sie ungeplant zur Leiterin eines Waisenhauses.

Doch die Zeiten in China waren damals sehr unsicher. Von Norden aus griff die japanische Armee an und drang immer weiter auf chinesisches Gebiet vor. China war aber selbst uneins. Zwei Strömungen kämpften gegeneinander: Nationalisten unter General Chiang Kai-shek und Kommunisten unter General Mao Tse-tung mit seiner Roten Armee. Sie kämpften gegen die Japaner, aber auch gegeneinander. Eines Tages kamen japanische Kriegsflugzeuge auch nach Yangcheng. Der Ort und die Missionsstation wurden von Bomben getroffen. Doch Gladys erwies sich als geschickt darin, die Hilfe und den Wiederaufbau zu organisieren. Sie kümmerte sich auch um Kriegsflüchtlinge in den Dörfern der Umgebung. Sogar japanischen Soldaten las sie aus der Bibel vor.

Doch das Kriegschaos zwischen Japanern, Nationalisten und Kommunisten wurde immer gefährlicher. Schließlich entschloss sie sich, mit den Kindern in den sichereren Süden zu fliehen. Zu Fuß wanderten sie über hohe Bergpfade, wo die Soldaten nicht hinkamen. Überall schlossen sich ihnen weitere Kinder an, sodass es schließlich über hundert wurden. Bald war die mitgenommene Nahrung verbraucht. Die Kinder weinten vor Hunger und schmerzenden Füßen. Dazu zog ein stürmisches Gewitter auf. Gladys brachte ihnen bei, auch jetzt auf Gott zu vertrauen. Gemeinsam knieten sie sich hin und beteten. Kurz darauf entdeckten sie eine große Höhle, in der sie alle immerhin einen trockenen und warmen Unterschlupf fanden. Den Hunger mussten sie vorerst versuchen zu vergessen. Um sich abzulenken, sagten sie zusammen Psalm 23 auf. Am nächsten Morgen entdeckten sie Felsen, die noch nass vom Regen waren, und konnten ihren Durst stillen; kurz danach fanden sie in einem verlassenen Dorf endlich einen Korb Hirse.

Nach über zwei Wochen Wanderung erreichten sie endlich den Gelben Fluss, den sie überqueren mussten, um in Sicherheit zu sein. Doch hier wartete der nächste Schrecken: Die Fährboote waren alle am anderen Ufer geblieben. Gladys war verzweifelt und hatte Angst. Sie betete und rief schließlich die Kinder zusammen, um für Gott Lieder zu singen. Sie hatte den seltsamen Eindruck, genau das würde ihre Rettung sein, und so war es tatsächlich: Ein einzelner Soldat, der noch am Ufer saß, um das Anrücken der Japaner zu melden, hörte ihren Gesang und half ihnen in den sicheren Süden.

Das Mädchen, das in England so fremd ausgesehen hatte, wurde für viele chinesische Kinder und Flüchtlinge zur großen Hilfe und Rettung. Mit ihrer Liebe zu Menschen, ihrem Mut und ihrer Hingabe inspirierte Gladys Aylward unzählige Menschen, Jesus nachzufolgen. Die vielen Christen und Hausgemeinden, die es heute in China gibt, gehen zu einem Teil auf diese couragierte Frau zurück, die oft einsam war, krank wurde und verzweifelte, aber auch immer wieder auf Gott vertraute.

MARTIN LUTHER KING

1929–1968

MARTIN WAR SIEBZEHN, als er seine erste Predigt hielt – in der großen Gemeinde seines Vaters in Atlanta, in den Südstaaten der USA. Da hatte er schon zwei Klassen in der Highschool übersprungen und mehrere Redner-Wettbewerbe gewonnen. Auf der Rückfahrt einer dieser Preisverleihungen hatte Martin ein einschneidendes Erlebnis: In dem Bus, in dem er nach Hause fuhr, verlangte ein Weißer, dass er ihm seinen Sitzplatz überließ, obwohl in dem Teil für Weiße noch Plätze frei waren. Auf der über hundertfünfzig Kilometer langen Fahrt musste Martin deshalb stehen. Schon als Kind hatte er die Verachtung für Menschen mit schwarzer Hautfarbe schmerzhaft erlebt: Sein bester Freund, ein Weißer, durfte plötzlich nicht mehr mit ihm spielen. Und das war leider trauriger Alltag. Durch die Gesetze der »Segregation« durften Afro-Amerikaner nicht dieselben Plätze im Bus besetzen, nicht dieselben Toiletten benutzen und nicht in denselben Restaurants essen wie hellhäutige Amerikaner.

Schon Martins Großvater und Vater hatten sich aktiv dafür eingesetzt, dass Schwarze mehr Rechte bekamen, und Martin tat es ihnen nach. Er

beschloss, ebenfalls Pastor zu werden wie sie. Martin studierte in Pennsylvania und machte seinen Doktor in Boston, wo er auch seine Frau Coretta heiratete. Mit gerade mal fünfundzwanzig Jahren begann er als Pastor in Montgomery in Alabama. Zehn Monate später erregte in dieser Stadt die Afro-Amerikanerin Rosa Parks große Aufmerksamkeit. Sie weigerte sich, im Bus ihren Platz für einen Weißen freizumachen, und wurde infolgedessen verhaftet.

Für Martin war klar, dass der christliche Glaube sich auch Ungerechtigkeit in der Gesellschaft entgegenstellen muss. Im Studium hatte er von Mahatma Gandhi gehört. Ihm gefielen dessen Methoden, mit gewaltfreien Mitteln Veränderungen zu bewirken. Nachdem Rosa Parks verhaftet worden war, beteiligte er sich deshalb an der Idee, dass alle Afro-Amerikaner aus Protest gegen die Verhaftung keine Busse mehr benutzen sollten. Dafür fuhren schwarze Taxi-Fahrer zum Bustarif und viele legten lange Strecken zu Fuß zurück. Wegen seines Engagements wurde Martin massiv bedroht. Eine Bombe traf sein Haus. Er haderte. Sollte er diesen gefährlichen Kampf wirklich führen? Später schrieb er: »In diesem Augenblick erlebte ich Gottes Gegenwart wie nie zuvor. Mir war, als hörte ich eine innere Stimme, die mir Mut zusprach: ›Steh auf für die Gerechtigkeit! Steh auf für die Wahrheit. Und Gott wird immer an deiner Seite sein.‹«

Die Afro-Amerikaner bestiegen ein Jahr lang keine Busse in Montgomery und die Bus-Unternehmen machten große Verluste. Dann entschied das Oberste Gericht, dass die Gesetze über die getrennten Sitzplätze in Bussen gegen die Verfassung verstießen. Die Aktion war erfolgreich gewesen. Martin Luther King und Rosa Parks gehörten zu den Ersten, die ganz vorne in einem Bus auf Plätzen fahren durften, die früher für Weiße reserviert gewesen waren.

Doch viele Weiße wollten, dass alles so blieb wie bisher. Es begannen Unruhen. Auf Busse, in denen Schwarze saßen, wurde geschossen. Auf Martins Haus wurde ein zweites Bombenattentat verübt und er bekam Morddrohungen, denn mehr und mehr wurde er als Anführer der Bürgerrechtsbewegung in den USA gesehen. Er konnte packend reden, fand treffende Worte und seine Mahnung, der Einsatz müsse friedlich bleiben, aber zugleich etwas voranbringen, überzeugte viele. Unermüdlich reiste er umher, hielt Reden und organisierte gewaltfreie Aktionen wie Sitzblockaden, Demonstrationen oder Gebetstreffen.

Nach fünf Jahren in seiner ersten Gemeinde wechselte er als Pastor in die Gemeinde seines Vaters, auch damit ihm mehr Zeit blieb, um sich für die Rechte der Afro-Amerikaner zu engagieren.

Kurz darauf begannen vier junge College-Studenten eine Umwälzung – indem sie sich setzten. Auf Barhocker in einem Imbiss nämlich, in dem nur Weiße erlaubt waren. Sie bestellten Kaffee, wurden aber nicht bedient, bis der Laden schloss. Also kehrten sie am nächsten Tag zurück und weitere schlossen sich ihnen an. Als Studierende in anderen Städten davon hörten, begannen sie mit ähnlichen Aktionen. Martin kam bei einem solchen Sitzstreik ins Gefängnis, wurde aber nicht wie die anderen nach wenigen Tagen freigelassen, sondern zu vier Monaten Zwangsarbeit verurteilt. Erst als der spätere Präsident John F. Kennedy sich einschaltete, kam Martin frei.

Eine Stadt war damals besonders für ihren Rassismus bekannt: Birmingham. Martin und seine Mitstreiter beschlossen, ihre gewaltfreien Aktionen in dieser Stadt fortzuführen. Ihnen war wichtig, dass sie gut vorbereitet waren. In Kirchen und bei verschiedenen Treffen wurde gewaltfreies Verhalten eingeübt. Wer zum Beispiel an einer großen Demonstration in

Birmingham teilnehmen wollte, sollte »Zehn Geboten« zustimmen, die Martin veröffentlichte. Das erste davon lautete, täglich über Leben und Lehre von Jesus nachzudenken. Andere Gebote riefen dazu auf, aus Liebe zu reden und zu handeln, weil Gott die Liebe ist, und täglich darum zu beten, dass Gott uns benutzt, damit alle Menschen in Freiheit leben können.

Wieder starteten sie Aktionen, bei denen sich Afro-Amerikaner in Restaurants für Weiße setzten und darum baten, bedient zu werden. Von Weißen geführte Geschäfte boykottierten sie. Zusammen mit anderen Bürgerrechtlern wurde Martin erneut festgenommen.

Bei den Protesten für die Gleichheit aller Menschen wollten in Birmingham auch Schüler mitmachen. Schließlich ging es auch um ihre Zukunft. Sie übten, sich gewaltfrei zu verhalten, und zogen am 2. Mai 1963 los. Doch gegen die friedliche Demonstration ging die Polizei ihrerseits mit Gewalt vor. Sie setzte Wasserwerfer ein und ließ Hunde auf die Menschen los. Fast tausend Schüler wurden sogar verhaftet! Doch gleichzeitig verhandelte die Regierung mit den Bürgerrechtlern und schließlich wurden einige Fortschritte beschlossen, zum Beispiel, dass Restaurants für alle öffnen mussten. Einen Tag danach explodierten Bomben vor dem Motel, in dem Martin übernachtete. »Wir werden weiter demonstrieren und singen und beten«, sagte Martin in der Predigt am folgenden Sonntag. »Alle Menschen sind Brüder, alle Amerikaner sind eine Nation – schwarz oder weiß.«

In diesem Sommer wurde in fast zweihundert Städten demonstriert. Dem größten Marsch in Washington schlossen sich 250 000 Menschen an, Millionen verfolgten ihn im Fernsehen. Martin Luther King hielt die letzte von vielen Reden an diesem Tag und »I have a dream« wurde zu einer der berühmtesten Reden der Geschichte: »Ich habe einen Traum, dass meine vier kleinen Kinder eines Tages in einer Nation leben werden, in der man sie nicht nach ihrer Hautfarbe, sondern nach ihrem Charakter beurteilen wird«, sagte er darin und schloss mit den Worten eines alten Liedes: »Endlich frei, endlich frei; Gott dem Allmächtigen sei Dank, wir sind endlich frei.«

Im Jahr darauf bekam Martin den Friedensnobelpreis, vor allem weil seine Bewegung immer friedliche Aktionen startete und Gewalt strikt ablehnte. Andere Gruppierungen wie die Black-Power-Bewegung widersprachen Martin und wollten auch mit anderen Mitteln kämpfen. Immer stärker engagierte sich Martin auch gegen Armut und sprach sich gegen den Vietnamkrieg aus, den die USA gerade führten.

Anfang 1968 schien Martin schon zu ahnen, dass er nicht mehr lange leben würde. Anders als sonst schenkte er Coretta vor seiner Reise künstliche Blumen, die nicht verwelken würden, und er rief seine Mutter von unterwegs an, was er sonst nie tat. Am 4. April 1968 war Martin in Memphis, um dort an einer Demonstration teilzunehmen und sich für die Rechte der Afro-Amerikaner einzusetzen. Als er abends auf den Balkon seines Hotelzimmers trat, waren zwei Schüsse zu hören. Martin Luther King starb mit gerade einmal neununddreißig Jahren. Sein friedlicher Kampf hat viele inspiriert. Ein Feiertag erinnert in den USA an jedem dritten Montag im Januar an diesen mutigen Pastor und Bürgerrechtler.

SARAH BRENDEL

**1976*

SARAH STELLTE SICH VIELE FRAGEN. Sie war sechzehn und dachte oft über ihr Leben nach. Sie überlegte: Warum lebe ich, wenn ich doch wieder sterbe? Welche Bedeutung hat mein Leben? Ihre Eltern lasen in der Bibel, aber auf Sarah wirkte sie eher wie ein altes Geschichtsbuch: richtig, aber trocken. Bis sie eines Abends darin etwas über Jesus las und plötzlich dachte: ›Das ist doch Wahnsinn! Da ist ein Mann, der sich Sohn Gottes nennt – und der hat der Welt immer nur Gutes getan: Er hat Kranken geholfen, da steht sogar, dass er Tote auferweckt hat. Und dann wird er von genau diesen Menschen ans Kreuz gebracht und getötet!‹

Sarah war total berührt von diesem Jesus und sie traf eine Entscheidung: Sie betete und sagte ihm, dass sie mit ihm leben wollte. Es begann etwas Neues für sie und dieses Neue machte sie so glücklich, dass sie anderen davon erzählen wollte. Und noch etwas Entscheidendes geschah: In ihrem trubeligen Zuhause mit sechs Schwestern und vielen Gästen entdeckte Sarah die Musik als einen Ruheort. In ihrem Zimmer brachte sie sich selbst das Gitarrespielen bei und komponierte Melodien zu ihren Tagebucheinträgen.

Mit ihrer Mutter besuchte sie manchmal das Frauengefängnis im Ort, um den Frauen dort zuzuhören und ihnen zur Seite zu stehen. Irgendwann lud ein Pfarrer sie ein, im Männergefängnis ein kleines Konzert zu geben. Als Sarah das Gebäude mit den Gittern und dem Stacheldraht betrat, war sie aufgeregt. Es herrschte eine düstere und bedrückende Stimmung. Doch als sie ihre Melodien spielte, sah sie die ersten Männer lächeln und spürte die ganze Atmosphäre heller werden. Sie staunte: ›Wow, Musik ist eine Herzenssprache, die Menschen berühren kann!‹ Dieses Gefängniskonzert spornte sie an, weiter Musik zu machen. Sie schrieb Lieder, nahm CDs auf und spielte Konzerte, manchmal zweihundertfünfzig im Jahr. Sie war sogar die erste deutsche christliche Künstlerin, die einen Plattenvertrag in den USA bekam.

Unterwegs auf Tour traf sie immer wieder Musiker, die ausgebrannt waren, die sich nach einem Zuhause sehnten und nach Gleichgesinnten, mit denen sie ihre kreativen Einfälle teilen konnten. Zwischen den Konzerten träumten sie und ihr Mann Stevie davon, wie schön es wäre, einen Ort zu schaffen, an dem Menschen kreativ sein und CDs aufnehmen können. Und dieser Traum wurde auf unglaubliche Weise Wirklichkeit: Ein Freund aus Kanada, der begeistert war von ihrer Idee, kaufte für sie ein kleines Schloss in der Nähe von Dresden. Sarah und ihr Mann begannen, es mit einer anderen Familie und Freunden zu renovieren, ein Studio und Gästezimmer einzurichten. Heute leben fünf Familien im Schloss und Musiker aus vielen Ländern kommen, nehmen dort ihre CDs auf und sitzen am großen Holztisch zusammen.

Aber Sarah wollte nicht nur Musik machen. Sie wollte auch etwas bewirken. Sie fand, wenn ihre Musik nicht auch praktisch würde, wäre sie umsonst. Deshalb flog sie nach Indien und besuchte ein Heim für Mädchen. Manche von ihnen waren zwölf, manche auch vierzehn Jahre alt. Sie alle waren von Banden gekidnappt oder ausgenutzt worden. Manchen hatte man versprochen, dass sie in der Stadt arbeiten und heiraten konnten, aber in Wirklichkeit wurden sie verkauft. Eine Organisation hatte die Mädchen vor den Banden gerettet und die Täter vor Gericht gestellt, damit sie ins Gefängnis kamen. Sarah sang mit den Mädchen und merkte wieder einmal, wie heilsam Musik ist. Es gibt nicht immer Worte, aber manchmal sagt eine Melodie alles, was man spürt und ausdrücken möchte.

2014 flog Sarah dann nach Israel. Eine Freundin lud sie ein, für Freunde zu spielen, die aus Eritrea in Afrika nach Israel geflohen waren. Sarah las viel über die Fluchtgeschichten dieser Menschen und schrieb ein Lied für sie. Sie war gespannt, die Geflüchteten selbst kennenzulernen. Einer von ihnen reichte ihr in Tel Aviv zur Begrüßung die Hand. Er hatte keine Finger mehr. Auf der Flucht war er gefangen genommen und gefoltert worden und man hatte ihm die Finger abgehackt. Sarah ließen diese Begegnungen nicht mehr los und sie begann zusammen mit Stevie zu überlegen, was sie tun konnten. Sie organisierten Konzerte und sammelten Gelder. Aber sie hatten immer das Gefühl, sie müssten noch praktischer werden. Aber wie?

Eines Tages kam ihr Mann mit der Idee nach Hause, das alte Gasthaus im Dorf, das schon lange leer stand, zu mieten und für Geflüchtete herzurichten. Sarah war skeptisch. Wäre das nicht mehrere Nummern zu groß für sie? Und könnten sie als Familie so viel Geld aufbringen? Sie beteten und fragten Freunde und hatten den Eindruck, sie sollten den Schritt wagen. Es fühlte sich an wie bei Petrus, der sich traute, mitten auf dem See aus dem Boot zu steigen und auf dem Wasser zu laufen, als Jesus es ihm sagte.

Der Bürgermeister fand, sie müssten eine Bürgerversammlung abhalten, bevor geflüchtete Menschen in ihr kleines Dorf zögen. Denn manche Dorfbewohner waren ziemlich fremdenfeindlich eingestellt. Sarah fand das merkwürdig. Sie hatte in ihrer Kindheit mehrere Freunde aus der Türkei und aus Vietnam gehabt. Aber in Ostdeutschland hatten bisher nur wenige Menschen aus anderen Kulturen gelebt und Unbekanntes macht manchen Angst. Die Bürgerversammlung fand an einem grauen, verregneten Tag statt und die Stimmung, die Sarah und ihren Freunden entgegenschlug, war kalt und kritisch. »Was macht ihr, wenn die kriminell werden?«, fragten die Leute.

Sarah vertraute darauf, dass Liebe am Ende immer stärker sein würde als alle Angst. Sie betete jeden Tag, dass eine Familie mit Kindern in ihr altes Gasthaus zog und dass Gott sie hier beschützte. Und es kam tatsächlich eine Familie: Mecid mit seiner Frau, fünf Töchtern und einem kleinen Sohn. Sie waren vor den Taliban geflohen, die schon seinen Bruder und seine Nachbarn ermordet hatten. Sarah, ihre Familie und ein paar Freunde besuchten die Familie am Anfang jeden Tag. Sie aßen und tranken Tee zusammen und spielten mit den Kindern. Als die Dorfbewohner die nette neue Familie kennenlernten, waren die meisten beruhigt. Manche brachten Apfelkuchen und Möbel vorbei. Nur wenige blieben feindselig. Doch zwei anonyme Drohbriefe bekam Sarah auch. Aber sie bereute ihre Entscheidung nicht. Die afghanische Familie lernte Deutsch, lebte sich ein und zog anderthalb Jahre später in die Stadt. Ein zweites Haus im Nachbardorf wurde Sarah und ihren Freunden angeboten. Auch das renovierten sie und drei syrische Familien fanden hier nach Krieg und Flucht einen

Zufluchtsort. Und so nannten sie dann auch ihre Arbeit: Refugeeum – ein Mix aus den englischen Worten für Flüchtling und Zuflucht.

Als die Fluchtrouten geschlossen wurden, fragte Sarah sich, was jetzt mit den Geflüchteten geschah. Sie hörte von überfüllten Flüchtlingslagern im Mittelmeerraum, in denen Menschen vor sich hin vegetieren und nirgendwohin können. Sie weinte viel über die Situation und redete mit Gott: »Sei barmherzig, da musst du doch was machen!« Eines Tages kam es ihr so vor, als sagte eine leise Stimme: »Sarah, tu du doch was! Du hast Hände, du hast Füße, mach dich doch auf den Weg.«

Und Sarah machte sich auf den Weg. Sie besuchte Flüchtlingslager in Griechenland und lernte viele Flüchtlinge kennen. Im vom Krieg zerbombten Aleppo in Syrien mietete sie mit ihrem Verein eine Villa und sie schufen auch hier einen Zufluchtsort: Kinder bekommen dort fünfmal in der Woche ein Frühstück, Unterricht und manchmal auch ein Mittagessen. An Menschen, die innerhalb Syriens fliehen mussten, verteilen sie Brot und manchmal Lebensmitteltüten mit Reis, Joghurt, Zitronen – und was sie in diesem Land sonst noch für die Spenden besorgen können, die sie bekommen. Und Sarahs Geschichte ist noch längst nicht zu Ende.

Sie würde sich nie eine Heldin nennen. Sie ist Musikerin, Mama und Freundin ohne viel Geld oder Einfluss, aber mit einem großen Herzen und einem großen Gott. Sie hat einfach angefangen, das zu tun, was sie tun konnte – und dabei immer ein bisschen mehr gewagt. Ihre Erfahrungen hat sie in ihrer CD »Among 10.000« verarbeitet, denn Musik bleibt einfach ihre Herzensprache.

NICK VUJICIC

**1982*

WENN LEUTE NICK KENNENLERNEN und feststellen, dass er weder Arme noch Beine hat, witzelt er gern: »Meine anderen Teile sind gerade zur Inspektion!« Nicks komplizierter Nachname wird Wu-ji-tschitsch ausgesprochen und kommt aus Serbien, denn von dort waren seine Großeltern nach Australien ausgewandert, wo Nick geboren wurde. Warum ihm keine Arme und Beine wuchsen, können auch Ärzte nicht erklären. Wie man sich leicht vorstellen kann, war die Geburt für seine Eltern ein großer Schock. Seine Mutter wollte ihn zuerst nicht einmal sehen und in ihrer Nähe haben. Sie dachte daran, ihn zur Adoption freizugeben, weil sie Angst hatte, sich nicht richtig um ihn kümmern zu können. Doch dann beschlossen seine Eltern, dass Gott sich schon etwas dabei gedacht haben musste, und begannen, Nick so normal wie möglich zu erziehen.

Der entpuppte sich als sportliches Kerlchen, das sich flink aufrichten und mithilfe seines linken Fußes mit zwei Zehen ganz schön viel anstellen konnte. Er ärgerte seine beiden jüngeren Geschwister wie jeder andere große Bruder und lernte, Gegenstände geschickt mit dem Fuß, dem Kinn oder den Zähnen aufzuheben. Sogar schwimmen konnte er bald. Seine El-

tern setzten sich dafür ein, dass er als eins der ersten behinderten Kinder in Australien eine ganz normale Schule besuchen durfte. Oft war Nick fröhlich, optimistisch und schlagfertig. Aber es gab auch andere Zeiten, etwa wenn andere Kinder ihn als Monster oder Außerirdischen beschimpften.

Als Nick zehn Jahre alt war, überwältigten ihn diese negativen Gedanken. Er konnte kaum schlafen, war aufgewühlt und verzweifelt. Es war einfach zu frustrierend, sich nicht einmal eine Limo aus dem Kühlschrank holen zu können und zu wissen, dass er sein ganzes Leben lang für alles auf Hilfe angewiesen sein würde. ›Warum muss ich so anders sein?‹, fragte er sich.

Nicks Eltern waren engagierte Christen, sein Vater predigte sogar manchmal in der Kirche. Einmal ging es darum, dass Gott sagt: »Mein Plan mit euch gilt: Ich will euer Glück und nicht euer Unglück. Ich gebe euch Zukunft und Hoffnung« (nach Jeremia 29,11). Nick dachte: ›Na, dieser Vers gilt mir ja wohl nicht. Welche Zukunft und Hoffnung habe ich schon?‹ Er hatte Gott oft um Arme und Beine gebeten, aber Gott hatte ihn offenbar nicht gehört. An diesen Gott konnte er nicht glauben.

Mehrmals überlegte er ernsthaft, ob er irgendwo runterspringen oder in der Badewanne zu lange unter Wasser bleiben sollte. Als sein Vater von diesen Gedanken erfuhr, setzte er sich eines Abends im Bett zu ihm und strich durch seine Haare. »Es wird alles gut, Nick«, beruhigte er ihn und zählte mit warmer Stimme auf, was im Leben noch alles Gutes auf ihn wartete. »Wir sind immer für dich da«, versprach der Vater. Und Nick konnte in den Worten, der liebevollen Berührung und dem Versprechen seines Vaters Vertrauen schöpfen, dass es einen Weg für ihn geben würde. In dieser Nacht schlief er endlich wieder tief und fest. Es gab noch schwierige Tage und Momente der Angst, aber der Tunnel lag hinter ihm.

Mit fünfzehn hörte er die Geschichte aus der Bibel, in der es um einen

Mann geht, der von Geburt an blind war. Die Jünger fragten Jesus: »Wer ist schuld an seiner Blindheit? Er selbst oder seine Eltern?« Genau das fragte Nick sich auch. Seinen Jüngern antwortete Jesus: »Niemand ist schuld. Nicht der Mann und nicht die Eltern. Er ist blind, weil sich an ihm Gottes Macht zeigen soll« (nach Johannes 9,3). In diesem Moment klickte etwas in ihm: Niemand außer Gott wusste die Antwort, warum er so geboren worden war. Aber vielleicht gab es eine Aufgabe für ihn und Gott hatte ihn nicht vergessen.

Auf der Highschool musste Nick nach dem Unterricht immer noch eine Stunde lang in der Schule warten, bis ihn der Bringdienst nach Hause fuhr. Oft verbrachte er diese Zeit mit Mr Arnold, dem Hausmeister, der ihn durch seine Persönlichkeit beeindruckte. Manchmal leitete Mr Arnold mittags ein christliches Schülertreffen und lud ihn dazu ein. Nick erklärte, dass er für Religion nicht so viel übrig habe, aber weil er Mr Arnold mochte, ging er trotzdem hin. Mr Arnold ermutigte alle, etwas von sich zu erzählen. Nick weigerte sich mehrere Monate lang, bevor er schließlich doch bereit war. Er machte sich vorher Notizen und erzählte in der Runde von schwierigen und schönen Erlebnissen und gestand ehrlich, dass er manchmal denke, Gott habe ihn vergessen, aber manchmal auch das Gefühl habe, dass sein Leben doch nicht so sinnlos sei. Die anderen Kinder hatten Tränen in den Augen.

»War ich so schlecht?«, fragte Nick besorgt.

»Nein, du warst so gut«, erwiderte Mr Arnold. Kurz darauf bat ihn ein Junge aus der Gruppe, auch in seiner Jugendgruppe etwas zu erzählen. Etliche weitere Einladungen folgten.

Mit der Zeit wuchs Nicks Gewissheit, dass sein Leben nicht zwecklos war. Seine Eltern ermutigten ihn jeden Tag. Durch ihre Liebe zu ihm lebten sie ihm Gottes Liebe zu uns Menschen vor und Nick konnte mehr und mehr glauben, dass Gott ihn gerade in seiner besonderen Situation gebrauchen wollte.

Er wurde in Jugendgruppen und zu Schülertreffen eingeladen, um von sich und seinen alltäglichen Schwierigkeiten zu erzählen. Einmal saßen dreihundert Schülerinnen und Schüler vor ihm. Plötzlich fing ein Mädchen im Publikum laut an zu weinen. Sie hob die Hand und bat, nach vorne kommen zu dürfen, um ihn zu umarmen. Auf der Bühne flüsterte sie ihm schluchzend ins Ohr: »Noch nie hat mir jemand gesagt, dass ich schön bin, so wie du es uns gerade gesagt hast. Du hast mein Leben verändert!«

Für Nick war das ein Augenöffner: Er begriff, dass diese öffentlichen Auftritte nicht nur ihm dabei halfen, sich nicht so einsam zu fühlen, sondern dass es auch seinen Zuhörer etwas bringen konnte. Ihm wurde klar: Alle Menschen erleben Schwierigkeiten – nur seine waren etwas sichtbarer! »Als ich das verstanden habe«, sagt er heute, »ging in meinem Hirn eine Glühbirne auf! Ich fing an, das Leben als Chance zu sehen, und dachte: Meine Umstände müssen für etwas gut sein!« Gerade sein Anderssein war die Chance, etwas Besonderes beizutragen: Ihm sahen die Zuhörer sofort an, dass er es nicht leicht hatte. Deshalb waren sie gespannt zu hören, wie er sein Leben meisterte.

Nicks Selbstbewusstsein wuchs und mit siebzehn wurde er sogar zum Schülersprecher gewählt. Über seine fehlenden Arme und Beine konnte er nun Witze machen. Einmal besuchte er mit Freunden ein großes Einkaufszentrum. In einem Schaufenster entdeckten sie eine männliche Schaufensterpuppe, die wie Nick nur aus Kopf und Torso bestand und Unterhosen präsentieren sollte. Nick trug zufälligerweise dieselbe Marke und beschloss, einen Streich zu wagen: Seine Freunde hoben ihn ins Schaufenster, wo er regungslos verharrte. Aber wenn Leute stehen blieben und ihn ansahen, blinzelte er plötzlich oder verbeugte sich – zum großen Schrecken der Kundinnen und Kunden!

Statt einer Karriere als Schaufensterpuppe schlug er dann aber doch lieber eine Laufbahn als Motivationsredner und Prediger ein. Weltweit will man seine Geschichte hören. Mittlerweile hat Nick schon in Dutzenden Ländern Vorträge gehalten, in Indien einmal vor über hunderttausend Leuten gleichzeitig gepredigt und in zweitausend Gefängnissen gesprochen. Er zog in die USA und seine Gemeinde dort sandte ihn als ihren ersten Missionspastor aus. Mit Filmemachern aus Los Angeles drehte er den Kurzfilm »The Butterfly Circus«. Mit der preisgekrönten Surferin Bethany Hamilton, die selbst bei einem Haiangriff einen Arm verlor, hat er surfen gelernt. Und noch etwas, das er fast nicht geglaubt hätte, wurde wahr: 2012 heiratete er seine Frau Kanae und mittlerweile haben sie vier Kinder, mit denen er voll sprühender Energie herumtobt.

Gerade auch seine dunklen Zeiten will er heute nicht mehr missen, weil sie ihn stärker gemacht haben, wie er sagt. Nick will Mut machen, das Leben beherzt in die Hand zu nehmen, die eigenen Herausforderungen zu meistern und an Gottes Seite die eigene Bestimmung zu finden. Aus seinem Leben ist vor allem eins geworden: eine einzige Ermutigung, dass sich Hoffnung in jedem Leben lohnt.

MARGARETE STEIFF

1847–1909

MIT ZWÖLF JAHREN begann Margarete nachmittags nach dem normalen Unterricht, noch eine »Nähschule« zu besuchen. Vermutlich dachte sie damals schon daran, dass es ein passender Beruf sein könnte, denn sie saß im Rollstuhl. Mit anderthalb Jahren war sie an Kinderlähmung erkrankt und ihr linker Fuß war seither vollständig, der rechte teilweise gelähmt. Ihr rechter Arm schmerzte oft, weshalb sie nun mit links nähte und es ihr nicht leichtfiel. Ohnehin war sie viel lieber draußen. Als Kind hatte sie schon immer darum gebettelt, dass irgendjemand aus dem Haus sie nach draußen trug. Dann saß sie im Leiterwagen und streichelte die vorbeikommenden Hunde und Katzen, erzählte kleineren Kindern, auf die sie in ihrem Wagen aufpassen sollte, fantasievolle Geschichten oder begeisterte die anderen Kinder mit ihrer sonnigen und lebhaften Art für

Spiele, bei denen sie von ihrem Wagen aus das Kommando gab. Zweimal fuhr sie mehrere Monate zu Kuraufenthalten bei einem tiefgläubigen Arzt. Während ihre Mutter sehr streng war, ging es im Haus des Arztes viel fröhlicher und spielerischer zu. Margarete durfte mit den anderen Kindern sogar ausgelassen über den Boden rutschen, und wenn ihre Kleider dabei kaputtgingen, wurden sie einfach geflickt – undenkbar bei ihrer Mutter. Außerdem hörte Margarete biblische Geschichten, lernte Lieder und auf Gott zu vertrauen.

Zu Hause begann der Alltag wieder. Morgens wurde eine Frau dafür bezahlt, sie in den Klassenraum zu tragen. Bis nachmittags ging der Unterricht, über die Mittagszeit gab es zusätzlich Konfirmandenunterricht, danach Nähschule. Ihre beiden älteren Schwestern beendeten – wie damals üblich – mit vierzehn Jahren die Schule und zogen als Dienstmädchen in Haushalte, in denen sie kochten, sauber machten und Kinder hüteten. Margarete blieb allein mit ihren Eltern und ihrem jüngeren Bruder Fritz zu Hause und lernte mit ihm begeistert auch Fächer, die damals sonst Jungs vorbehalten waren. Auch wenn ihre Mutter es gern sah, wenn ihre Tochter abends früh ins Bett ging, ließ Margarete sich von ihren Freundinnen zu fröhlichen Ausflügen im Mondschein abholen.

Mit dreizehn wurde sie konfirmiert und bekam den Konfirmationsspruch: »Lass dir an meiner Gnade genügen, denn meine Kraft ist in den Schwachen mächtig« (2. Korinther 12,9 LUT). Wer weiß, ob der Pfarrer schon sah, dass Gott ihr eine gute Portion Mut mitgegeben hatte und sie mit ihrer Behinderung Frieden schließen sollte. Später jedenfalls schrieb sie in ihr Tagebuch: »Das war noch ein langes Suchen nach Heilung, bis ich mir selbst sagte: ›Gott hat es für mich so bestimmt, dass ich nicht gehen kann, es muss auch so recht sein.‹ «

Als Margarete ebenfalls mit vierzehn die Schule abschloss, setzte sie ihre Ausbildung in der Nähschule fort und verdiente zugleich mit Handarbeiten und später auch mit Unterricht im Zitherspielen ihr eigenes Geld. Als sie beim Stadtpfarrer für seine Tochter nähte, brachte sie eines Tages der kleine Sohn mit dem Fuhrwerk nach Hause. »Ich war sehr waghalsig und gar nicht ängstlich im Fahren«, schrieb sie in ihr Tagebuch. Deshalb durfte der Pfarrersjunge die Pferde energisch antreiben, sodass der Wagen durchs Dorf sauste. Das Fuhrwerk geriet jedoch außer Kontrolle und kippte um. Margarete brach sich den linken Fuß und hatte schmerzhafte Verletzungen im Gesicht. »Aber es war halt so schön, auch mal schnell voranzukommen«, verteidigte sie sich in ihrem Tagebuch.

Als Margarete fünfzehn war, kehrten ihre beiden Schwestern nach Hause zurück und eröffneten eine Damenschneiderei mit Hutmacherwerkstatt. Statt Kleidung auszubessern oder zu besticken, fertigten sie nun eigene Kleider, Tischdecken und Hüte und waren ihre eigenen Chefinnen. Eines Tages fanden sie in einer Modezeitschrift eine Anzeige für Nähmaschinen, die erst zwanzig Jahre zuvor erfunden worden waren, und kauften sich eine. Dummerweise konnte Margarete das Schwungrad mit ihrem rechten Arm kaum bedienen. Doch sie gab nicht auf und fand heraus, dass sie die Maschine umdrehen und mit links antreiben konnte.

Schließlich heirateten ihre drei Geschwister und zogen aus. Ein wenig mulmig war Margarete schon zumute. Was würde aus ihr werden? Für unverheiratete Frauen war es damals nicht einfach, genug zu verdienen. Für sie, die nicht laufen konnte, galt das umso mehr. Doch sie hatte schon eine Idee. Statt nur mit Stoff zu nähen, wollte sie auch mit Filz arbeiten. Der Mann ihrer Patentante hatte vor einigen Jahren im Ort eine Filzfabrik eröffnet und Margarete schwebte vor, aus seinem Material Kleidung und Wohnutensilien herzustellen. Der Mann ihrer Cousine beriet sie in unternehmerischen Fragen und ermutigte sie, sich damit selbstständig zu machen. Auf eigene Rechnung kaufte sie Filz und anderes Material ein und nähte eine Kollektion – erfolgreich, wie sich bald herausstellte. Mit einem Geschäft in Stuttgart vereinbarte sie eine größere Abnahme von Unterröcken und daneben nähte sie Kindermäntel und andere Kleidung für Privatabnehmer. Bald konnte sie sogar mehrere Näherinnen beschäftigen, ließ eine Rampe an ihr Haus bauen und stellte eine Hausangestellte ein, die sich um alles Mögliche kümmerte. Um Werbung für ihre Kleidung und anderen Produkte zu machen, ließ sie einen Katalog drucken und schaltete Anzeigen.

Zwei Jahre nach Gründung ihres Filzgeschäfts entdeckte Margarete in einer Modezeitschrift ein Schnittmuster, das ihr ganzes Leben auf den Kopf stellen und den Grundstein für ein riesiges Unternehmen legen würde. Dabei war das Schnittmuster ganz unscheinbar: ein kleiner Filzelefant. Entworfen worden war er wohl als Nadelkissen, in dem man Nähnadeln hübsch aufbewahren konnte, aber Margarete beschenkte damit ihre Neffen zu Weihnachten. Sie probierte auch gleich mehrere Größen aus, um sie für den Verkauf anzubieten. Auf dem in der Nähe gelegenen Heidenheimer Markt war das »Elefäntle« ihr erster Verkaufsschlager. Sechs Jahre später wurden schon über fünftausend Elefanten verkauft und Margarete nähte weitere Tiere: Affen, Esel, Pferde, Kamele und andere.

Nun wurde die Werkstatt im Haus von Margaretes Eltern endgültig zu klein. Zusammen mit ihrem Bruder Fritz plante sie ein neues Gebäude mit einem Ladengeschäft im Erdgeschoss und einer behindertengerechten Wohnung im ersten Stock. Immer wieder wohnten Mitglieder ihrer Großfamilie bei ihr, zu vielen ihrer Nichten und Neffen hatte sie eine gute Beziehung, nicht nur weil sie immer neue Kuscheltiere hatte und auch sonst gern Geschenke machte. Mit einigen ihrer Nichten und Neffen schrieb sie sich Briefe und ermutigte sie auch im Glauben. Als ihre Nichte Eva als Dienstmädchen arbeitete, erkundigte sie sich: »Gibt es auch Musik im Haus? Gibt es gemeinschaftliche Andacht? Wenn nicht, vergiss das Beten für dich allein nicht.«

Margaretes Qualitätsanspruch war hoch. Ihr Werbespruch lautete: »Für Kinder ist nur das Beste gut genug!« Nicht nur ihre Näherinnen und Stopferinnen suchte sie höchstpersönlich aus und wies sie in die Arbeit ein, auch alle Muster für die Tiere der neuen Kollektion nähte sie selbst. Es wurden nur die besten Materialien verwendet. Tiere mit kleinen Schönheitsfehlern sortierte sie aus. Schließlich verkaufte sie ihre Spielwaren sogar nach London und New York.

Auch mehrere ihrer Neffen stiegen in die Firma ein. Ihr kreativer Lieblingsneffe Richard hatte an der Stuttgarter Kunstgewerbeschule und in England studiert, als er mit zwanzig bei ihr anfing. Er fertigte viele Skizzen von Tieren an, die zur Grundlage für neue Entwürfe wurden. Ein paar Jahre später entwarf er einen Plüschbären, dessen Arme und Beine man sogar bewegen konnte. Präsentiert wurde er bei der Leipziger Spielwarenmesse – und tatsächlich bestellte der Chefeinkäufer eines New Yorker Kaufhauses dreitausend Exemplare! Damit war der Grundstein gelegt für ein großes Wachstum des Familienunternehmens Steiff, das Margarete mit ihrem Mut und Schwung, mit ihrem Perfektionismus und Gottvertrauen gegründet hatte.

FLAVIO SIMONETTI

**1984*

ALS KIND WAR FLAVIO Stürmer im Fußballverein. Und trotzdem fand er sich irgendwie langweilig: zu schüchtern, zu dünn, zu unspektakulär. Seine Familie hatte nicht viel Geld und die anderen schienen immer besser, sportlicher, erfolgreicher zu sein. »Simonetti Spaghetti!«, schrien ihm die anderen Jungs wegen seiner schmächtigen Statur und seiner italienischen Abstammung hinterher. Flavio wollte so sein wie die Jungs, die besser dribbeln und flanken konnten. Mit dreizehn Jahren fuhr er auf eine Jugendfreizeit und verliebte sich in ein Mädchen. Doch er konnte sich beim besten Willen nicht vorstellen, dass er als dünnes Gestell sie beeindruckte. Seine Idee: Muskeltraining. Also zog er los, kaufte sich Kurzhanteln im Sportgeschäft und begann, in seinem Kinderzimmer zwischen Bett und Schrank zu trainieren. Muskelpakete wuchsen ihm nicht, aber er machte weiter, las Fitness-Bücher und -Zeitschriften. Ihm gefiel, dass er – anders als in einer Mannschaftssportart – beim Fitnesstraining sein eigener Herr war. Er hatte seinen Erfolg in der Hand. Und Erfolg wünschte er sich dringend – genauso sehr wie Geld und Anerkennung.

Als er älter wurde, kaufte er sich deshalb Bücher mit Titeln wie »Werde reich und erfolgreich«, sah sich Filme an, in denen Erfolgsprinzipien vermittelt wurden, und besuchte Seminare von Erfolgstrainern, die in schillernden Sätzen beschrieben, wie erfolgreich er werden und in welchen Luxus-Ressorts er einmal Urlaub machen würde.

Die Schule allerdings schloss er ohne Ausbildungsplatz ab, die Wirtschaftsschule beendete er als Klassenschlechtester. Den Ausbildungsplatz zum Biologielaborant bekam er schließlich nur über Beziehungen, doch als Einziger aus seiner Klasse rasselte er durch die Prüfung. Erfolg sah anders aus. Also probierte Flavio eine Menge aus: Er beteiligte sich an Sportwetten, spielte Roulette, verkaufte Versicherungen und arbeitete bei einer Messebaufirma, die schließlich kurz vor der Insolvenz stand. Als auch noch seine Freundin Schluss machte, war er am Boden zerstört.

Eines Abends saß er gelangweilt zu Hause und beschloss, mit seinem Audi in die Stadt zu fahren. An einer Ampel sah er neben sich einen 7er-BMW, in dem zwei junge Kerle saßen. Er sah zu ihnen hinüber. Sie schauten ihn an. Die Blicke genügten zur wortlosen Verständigung: Als die Ampel auf Grün sprang, traten beide aufs Gas und schossen los. Ein kurzer Blick aufs Tacho zeigte ihm, dass er 160 km/h fuhr. Die Stadt war menschenleer und gerade. Doch am Ende der Straße konnte er den Wagen in einer Kurve nur noch schwer beherrschen. Bei einem Kreisverkehr trat er noch auf die Bremse, doch die Kontrolle entglitt ihm und so rauschte er mit 65 km/h frontal gegen einen Baum. Rennen aus, das Leben – Gott sei Dank – noch nicht.

Es war für Flavio ein absolutes Wunder, dass er noch lebte, dass er aussteigen konnte und nicht einmal Prellungen davongetragen hatte. Ein Kollege, der kurz darauf an seinem schrottreifen Wagen vorbeifuhr, war sich sicher, dass er bei dem Unfall umgekommen sein musste. Doch Flavio lebte, betrachtete seinen geschrotteten Wagen und ging auf die Knie.

Seine Eltern glaubten an Gott und hatten ihn christlich erzogen. Früher war er sonntags noch mit zum Gottesdienst gegangen, aber mehr um sich mit seinen Freunden zu treffen. Die Predigt hatten sie geschwänzt. Zwar hatte er sich bei christlichen Pfadfindern engagiert und war auf Freizeiten gefahren, aber ihm war vieles andere wichtiger gewesen und irgendwann hatte der Glaube langweilig gewirkt. Ein öder Christ wollte er auf keinen Fall werden. Alkohol, Partys, Zocken – all das erschien ihm spannender und verlockender.

Jetzt war er vierundzwanzig, sein Auto lag als Schrottberg vor ihm und er betete zu Gott: »Ich gebe dir mein Leben neu in die Hand. Ich kann nichts, ich bin nichts – mach du das Beste draus.« Und mit diesem Gebet sollte vieles beginnen.

Mit den letzten fünfhundert Euro, die er besaß, bezahlte Flavio den Einsatz von ADAC und Feuerwehr, die zur Unfallstelle gekommen waren, und lief schließlich nach Hause. Er merkte: Jetzt fängt ein neuer Lebensabschnitt an. Am darauffolgenden Sonntag spürte er ein Drängen, das er so vielleicht noch nie verspürt hatte: Er wollte den Gottesdienst besuchen. Die Beziehung zu Gott und zu anderen Christen empfand er als genau das, was er vermisst hatte. Plötzlich hatte er Spaß am Beten und begann, sich gerne mit Gott zu unterhalten. Er las in der Bibel und fühlte sich dadurch erfüllt. Das kannte er bisher nicht. Der Unfall hatte ihm den Weg zurück zu seinem Glauben gezeigt und es war, als würde Gott das Ruder übernehmen und ihn segnen. Flavio hatte den Eindruck, Gott würde ihm eine Idee schenken: nämlich ein E-Book über seine eigene Fitnesslaufbahn zu schreiben. Und obwohl seine beiden vorherigen E-Books gescheitert waren, wurde dieses ein großer Erfolg.

Wenige Monate später fragte ein Pastor ihn, ob er mit auf eine Freizeit fahren wolle. Flavio lehnte ab. Er war noch immer pleite. Das Angebot, zum halben Preis mitzukommen und dafür in der Küche zu helfen, fand er jedoch fair und willigte schließlich ein. Und ausgerechnet hier, beim Kochen und Abwaschen für die Freizeittruppe, lernte er seine zukünftige Frau kennen. Er hatte das Gefühl: Nachdem er Jesus das Ruder für sein Leben überlassen hatte, bekam er geschenkt, was er sich in den sieben Jahren vorher allein nicht hatte erarbeiten können.

2009 sparte er jeden Cent zusammen, um sich in seinem Wohnzimmer ein kleines Filmstudio einzurichten. Ein Freund hatte ihn auf die – damals noch ganz neue – Video-Plattform YouTube aufmerksam gemacht. Er kaufte sich eine weiße Fotowand, eine Videokamera und Bauleuchten. Doch für die Aufnahmen waren diese Lampen viel zu hell. Also klebte er Papier darüber. Blöd nur: Die Leuchten wurden zu heiß und sengten das Papier an. Deshalb musste er alle paar Minuten das Video stoppen, um das Papier mit einem Wassersprayer zu kühlen. Nach acht Stunden schweißtreibender Arbeit war das erste YouTube-Video endlich fertig. Es war 7 Minuten und 50 Sekunden lang. Sollte er es wirklich hochladen? Er hatte riesige Angst davor, dass Leute ihn dafür auslachen würden oder er etwas Falsches erzählte und dumm dastand.

Doch schließlich wagte er es – und sein Mut wurde innerhalb weniger Tage mit 20 000 Klicks belohnt. Damit war er Deutschlands erster Fitness-YouTuber überhaupt. Er hatte einen glücklichen Zeitpunkt erwischt, aber auch seine sympathische Art half ihm und er blieb dran: Er drehte eine DVD, entwickelte Online-Programme für Muskelaufbau, eine App mit Fitnessplänen und schrieb sogar Kochbücher. Denn ihm wurde immer klarer, dass körperliche Fitness und Ernährung eng zusammenhängen.

Fitnesssport ist bis heute Flavios große Leidenschaft. Man sieht es dem muskelbepackten YouTuber und Unternehmer an. Ganz wichtig ist ihm, seine Muskeln ohne Doping und illegale Substanzen aufzubauen. Deshalb nennt er sich »Naturalathlet«. Er genießt es, alles zu geben und einen Ausgleich zum Alltag zu haben. »Ich komme nach dem Training leer nach Hause und bin für meine Familie ein Ruhepol, der ich ohne Sport nicht wäre«, sagt er. Denn obwohl er mit dem Fitnesssport nun sein Geld verdient, der Mittelpunkt seines Lebens ist der Sport nicht. Und auch auf Erfolg und Geld baut er nicht mehr. Er will sich nicht davon abhängig machen. »Früher brauchte ich Muskeln, Anerkennung durch materiellen Erfolg, ein großes Auto, Markenklamotten. Aber ich bin wertvoll, selbst wenn ich gar nichts besitze. Weil ich Gottes Kind bin, bin ich geliebt«, sagt er. »Wenn mein Fundament in Gott ist, wird er mich immer wieder auffangen.«

Mittlerweile hat er mehrere Bücher geschrieben und Podcasts produziert. Er will Menschen helfen, das zu entdecken und zu leben, was in ihnen steckt. Denn Flavio ist sicher: Materieller Besitz wie eine neue Playstation oder das Traumauto machen langfristig nicht glücklich. Glücklich macht vielmehr, das zu leben, was Gott in unser Herz hineingelegt hat.

ESTHER AHMAD

»ESTHER IST DIE SCHLAUSTE in ihrer Klasse!«, erklärten die Lehrer ihren Eltern. Nach diesem Lob konnte Esther ihre Mutter selbst hinter deren Schleier lächeln sehen. Doch überrascht war sie von ihrem Vater, der sagte: »Ja, wir sind sehr stolz auf sie.« Bisher hatte er Esther immer abgelehnt. Er hatte sich einen Sohn gewünscht, nicht eine dritte Tochter. Und nun war er stolz auf sie! Das spornte Esther an, sich in der Schule noch mehr anzustrengen.

Damals hieß Esther allerdings noch gar nicht Esther, sondern Zakhira. Sie war in Pakistan zur Welt gekommen mit einem für islamische Familien typischen Namen. Als Esther zehn Jahre alt war, wurde eine Gruppe in ihrer Gegend aktiver, die zu den Islamisten zählte, besonders strenggläubigen Muslimen, die auch vor Gewalt nicht zurückschrecken, um den Islam

voranzubringen. Esthers Vater schloss sich dieser islamistischen Gruppe an und richtete in dem großen Haus, das sie als Familie bewohnten, einen Versammlungsraum für die Treffen dieser Gruppe ein.

Esther durfte zwar wie alle Frauen nur in einer Ecke sitzen, die man mit einem Vorhang abtrennte, aber sie war bei den Versammlungen trotzdem gern dabei. Sie bemühte sich, eine eifrige Muslimin zu sein. Als ihr Vater eines Tages laut vor ihren Schwestern und ihrer Mutter sagte, wie stolz er deshalb auf Esther sei, wusste sie nun schon zwei Arten, wie sie ihn stolz machen konnte: indem sie lernte und indem sie Allah diente.

Weil sie so begabt war, willigte ihr Vater ein, dass sie eine Medrese besuchen durfte. Medresen sind weiterführende Schulen, in denen sich fast alles um den Islam dreht. Die islamischen Lehrer erzählten Esther und ihren Klassenkameraden, Christen und Juden wären Feinde des Islam und würden Muslime ermorden. Deshalb müssten Muslime Rache üben. Bei einem Schulausflug wurde ihnen deshalb einmal ein langer Tisch präsentiert, der mit einem Tuch verhüllt war. Ein Mullah, ein islamischer Gelehrter, erklärte: »Heute zeigen wir euch, womit wir den Islam in der Welt verbreiten.« Er zog das Tuch weg und die Schüler sahen Pistolen, Gewehre und Granaten. Esther war fasziniert. Zwar diskutierte sie manchmal mit ihrer Mutter über islamische Regelungen, die ihr unlogisch erschienen, doch ihre Begeisterung für den Islam wuchs beständig. In den islamistischen Versammlungen wurde immer wieder gefeiert, wenn jemand gekämpft hatte und dabei gestorben war. Alle glaubten, Allah würde diese Menschen dafür im Paradies reich belohnen.

In einer Versammlung erklärte der Mullah, dass alle bei diesem Kampf mitmachen konnten, und fragte, ob es Freiwillige gebe. Das war Esthers Gelegenheit! Sie wollte Allah dienen, ihren Vater stolz machen und ins

Paradies. Deshalb traf sie blitzschnell eine schwerwiegende Entscheidung: Sie meldete sich für den Dschihad. In zwei Monaten würde das Training dafür beginnen. Sie würde lernen, mit dem Gewehr umzugehen, zu kämpfen und möglichst viele Nicht-Muslime zu töten. Esther wusste, dass sie selbst dabei sterben würde, aber sie fürchtete sich nicht.

Kurz bevor das Training beginnen sollte, hatte Esther aber einen besonderen Traum. Sie träumte, dass sie gestorben war und auf einem Friedhof aufwachte. Bei der verzweifelten Suche nach einem Ausgang sah sie ein Licht, das sich beim Näherkommen als Person entpuppte, die sagte: »Esther, komm und folge mir.« Das war schon deshalb merkwürdig, weil sie bisher Zakhira geheißen hatte. Doch sie glaubte, dass diese Person, dieses Licht, ihr den Weg hinaus zeigen konnte. »Wer bist du?«, fragte sie. »Ich bin der Weg, die Wahrheit und das Leben«, antwortete die Person. Kurz darauf wachte Esther auf und verspürte zum ersten Mal im Leben tiefen Frieden. Aber sie war auch sehr verwirrt.

Als sie ihre Mutter zu Untersuchungen ins Krankenhaus begleitete, lernte sie John kennen, einen Labormitarbeiter, der Christ war. Er stellte ihr einige herausfordernde Fragen zum Islam. Zu Hause schlug Esther direkt in ihrem Koran die Verse nach, die John ihr genannt hatte. Sie war überrascht, dass er recht hatte. Nun wollte sie mehr aus der Bibel erfahren. Weil es zu gefährlich war, gab John ihr keine mit, sondern bot ihr an, bei ihm im Krankenhaus seine Bibel zu lesen. Heimlich schlich sie nachmittags dorthin. Als sie John von ihrem Traum erzählte, stiegen ihm Tränen in die Augen und er lächelte zugleich. Er zeigte ihr in der Bibel die Stelle, an der Jesus sagt, dass er der Weg, die Wahrheit und das Leben ist (siehe Johannes 14,6). Esther staunte und war so bewegt, dass sie zusammen mit John zu Jesus betete und erklärte, dass sie von nun an für ihn leben wolle.

Doch nun sollte das Training für den Dschihad starten. Esther überredete ihre Mutter, den Verantwortlichen zu sagen, dass sie noch Zeit brauche. Weil sie bisher eine so treue Muslimin gewesen war, stimmten sie zu. Natürlich ahnten sie nicht, dass Esther bereits als heimliche Jesusnachfolgerin lebte. Für jemanden aus einer muslimischen Familie war das lebensgefährlich. Nur ihrer Mutter erzählte sie schließlich davon. Erst war diese wütend. Ihre Tochter eine Christin? Das war Verrat! Sie begann Esther zu schlagen. Esther fastete und hörte dabei Gottes leise Stimme: Er würde ihre Mutter, die schon länger krank war, heilen. Und so kam es auch. Gott griff ein und Esthers Mutter begann daraufhin ebenfalls, an Jesus zu glauben.

Als Esther ihrem Vater von ihrer Lebenswende erzählte, zerschlug sich aber jede Hoffnung auf Verständnis. Er tobte. Vor ihrem Haus versammelte sich eine empörte Menschenmenge, die Esthers Tod forderte. Ihr Vater entschied, ihr einen Monat lang Zeit zu geben: »Wenn sie bis dahin nicht zum Islam umkehrt, werde ich sie töten.«

In diesem Monat hatte Esther Hausarrest und sollte mehrfach von islamischen Lehrern befragt werden. Doch was sollte sie mit einundzwanzig Jahren diesen erwachsenen Gelehrten schon sagen? Sie begann die Bibel zu lesen, zu beten und zu fasten. Als sie in der Nacht vor der ersten Befragung nicht schlafen konnte, glaubte sie ihn flüstern zu hören: »Meine Tochter, sage nicht: Ich bin nur ein Kind. Hab keine Angst.«

Am nächsten Morgen betrat Esther den vollen Versammlungsraum. Vorn saß die islamische Geistliche Fatima. Sie erhob sich und fragte Esther: »Was ist mit dir passiert?«

»Ich habe den Koran gelesen und bin Christin geworden«, antwortete Esther und bat Fatima, ihr einige Widersprüche im Koran zu erklären.

Im Koran steht beispielsweise, dass alle Propheten von Isaak und Jakob abstammen, genau wie die Juden. Und doch glauben Muslime, dass Mohammed, ihr wichtigster Prophet, von Ismael abstammt. Auf diesen und andere Widersprüche wusste Fatima nichts zu entgegnen.

»Meine Gedanken sind heute ein wenig vernebelt«, sagte sie und beendete das Gespräch. Am folgenden Tag stand Esther im Versammlungssaal einem anderen Gelehrten gegenüber, der sie selbstsicher begrüßte. Auch ihn fragte Esther nach einigen Stellen im Koran und auch dieser Geistliche wusste nichts zu antworten und gab auf.

In einer weiteren Versammlung warf eine Gelehrte ihr vor, dass Christen an drei Götter glauben, an Gott, Jesus und den Heiligen Geist. Esther entgegnete: »Warum steht denn dann im Koran an 1297 Stellen ›wir‹, wenn es um Allah geht? Müsste es nicht ›ich‹ heißen?«

Esther schlug sich gut in den Debatten und sie war Gott dankbar, dass er ihr hilfreiche Gedanken gab. Doch sie wusste, dass die Lage gefährlich war, so finster wie ihr Vater sie nach den Debatten ansah. Bis heute gehört Pakistan zu den Ländern, in denen Christen am härtesten verfolgt werden. Wer dort als Muslim zu Jesus umkehrt, ist immer in Todesgefahr.

Schließlich erfuhr ihre Mutter, dass Esther getötet werden sollte. Nun musste es schnell gehen. Esther und John heirateten und konnten fliehen. Doch ihr Vater verfolgte sie weiter und ließ sie sogar mit großen Plakaten mit Fotos von ihr suchen. Das junge Ehepaar floh erst quer durch Pakistan, dann nach Malaysia und schließlich in die USA, wo sie heute in Sicherheit leben und dankbar sind, dass Gott sie innerlich und äußerlich gerettet hat.

BRUCE »BRUCHKO« OLSON

**1941*

BRUCE WAR EIN SCHLAKSIGER, blonder Schüler, dem man seine schwedische Herkunft ansah, obwohl er in den USA lebte. Mit vierzehn begann er sich zu fragen, wie Gott eigentlich ist. Sein Vater fand die Bibel veraltet und die Familie ging mehr aus Tradition sonntags in den Gottesdienst. Bruce fiel auf, dass sich in seiner Kirche nie jemand groß geändert hatte, obwohl sich bei Jesus immer alle Menschen zu verändern schienen, denen er begegnete. Eines Abends las Bruce wieder einmal in der Bibel, um Antworten auf seine Fragen zu finden. Doch diesmal fühlte er sich seltsam gedrängt, mit Jesus direkt zu sprechen. Er kannte aus seiner Kirche nur vorformulierte Gebete, aber heute redete er einfach drauflos: »In der Bibel werden alle verändert, die dich treffen, und das möchte ich auch.« Während er Gott seine Gedanken erzählte, spürte er dessen Gegenwart

wie eine große Stille. Bruce gestand ihm, dass er sich selbst nicht leiden konnte, beschrieb das große Chaos in seinem Inneren – und spürte Frieden. »Er war nichts Totes und Passives, dieser Friede. Er war lebendig und er machte mich lebendig. Ich lag auf meinem Bett und war von Erstaunen so überwältigt, dass ich weder mich bewegen noch nachdenken konnte.« So schrieb Bruce es später auf.

Weil es ihm leicht fiel, in der Schule mehrere alte Sprachen zu lernen, war sein Plan, einmal Sprachwissenschaftler zu werden. Aber nach einer Begegnung mit einem Missionar schien ihm, dass Gottes Berufspläne für ihn in eine andere Richtung gingen. Eigentlich sträubte sich Bruce innerlich dagegen, Missionar zu werden, aber sein Interesse an anderen Ländern und Kulturen, vor allem an Kolumbien und Venezuela, wuchs und wurde noch größer, als er nach der Schule sein Studium begann.

Schließlich setzte er alles auf eine Karte und flog nach Venezuela. Eine Weile jobbte er dort und lernte Spanisch. Er fragte sich, wie es nun weitergehen sollte, bis ihm jemand von den Bari erzählte. Dieses Indianervolk, das auch »Motilonen« genannt wurde, lebte im Grenzgebiet von Kolumbien und Venezuela und irgendetwas zog ihn dorthin. Als er von einer Masernepidemie las, die unter den Bari wütete, war das sein innerliches Go: Er hatte sich Kenntnisse in Tropenmedizin angeeignet und konnte helfen. Was hielt ihn also zurück? Außer vielleicht den Warnungen ...

»Komm bloß nicht in deren Nähe!«, hörte er oft, denn die Bari hatten schon mehrfach Besucher mit Pfeilen getötet. Bruce machte sich trotzdem auf den Weg, und zwar denkbar schlecht vorbereitet: nur mit einem Maultier als Begleitung und wenigen Vorräten. Er wurde krank, landete beim falschen Indianervolk, das ihn erst töten wollte, dann einige Monate aufnahm und schließlich ins Gebiet der Bari brachte. Auch deren Begrüßung war wenig herzlich: Sie schossen Bruce einen Pfeil ins Bein, zogen ihn mit einem schmerzhaften Ruck wieder heraus und brachten ihn in ihr Gemeinschaftshaus, wo er unsanft auf eine Matte befördert wurde. Am nächsten Tag war seine Wunde vereitert, er bekam Durchfall und hatte nach einigen Wochen den dringenden Eindruck, schnell verschwinden zu sollen. Im Mondlicht stand er nachts auf, konnte sich davonschleichen und schlug sich nach Bogotá in Kolumbien durch. Er blieb eine Weile dort und genoss nach zwei Jahren im Dschungel die Zivilisation. Dennoch fühlte er sich innerlich weiter zu den Bari gedrängt: »Ich wusste einfach, Gott wollte mich dort haben«, schrieb er später. »Er hatte dies so oft bestätigt, dass es keinen Zweifel mehr gab. Und was noch schwerer wog: Er hatte mir eine Liebe für sie gegeben.«

Bruce kehrte – diesmal etwas besser vorbereitet – in den Dschungel zurück, richtete sich an einem Bach ein Lager ein und hoffte nun auf eine friedlichere Begegnung. Auf Dschungelpfaden legte er Salzpäckchen und Macheten als Geschenke aus. Es dauerte zwei lange Monate, dann endlich zeigten sich einige Bari-Männer ihm und nahmen ihn mit in ihr Dorf. Als er seinen Namen nannte, einigten sich die Bari darauf, ihn »Bruchko« auszusprechen, und fortan wurde er so genannt. Er erfuhr, dass er bei seinem ersten Besuch just am Tag nach seiner Flucht hätte getötet werden sollen. Diesmal aber bekam er eine Hängematte, wie sie die Bari weit oben in ihre Hütten knüpften, wurde mit Fisch und Maniokwurzeln versorgt und begann, wie sie zu leben. Er führte ein friedliches Dasein unter diesem freundlichen jagenden und fischenden Volk. Doch die Tage waren eintönig. Es fiel ihm schwer, ihre Sprache zu lernen. Unendlich langsam nur machte er Fortschritte. Er konnte sich nicht unterhalten und fühlte sich immer einsamer und nutzloser.

Erst als er schon fast ein ganzes Jahr bei den Bari war, brachte ihm ein dreizehnjähriger Junge, den er Bobby nannte, beim großen Fischfang im Fluss bei, mit einem Speer zu fischen. Damit begann ihre tiefe Freundschaft. Bruchko lernte von Bobby die Sprache und erfuhr auch viele Legenden, die man sich in diesem Volk erzählte. Eine seltsame Prophezeiung handelte beispielsweise davon, dass ein gelbhaariger Mann mit einer Bananenstaude auftauchen würde und daraus Gott erschiene.

Weil Bruchko krank wurde, musste er für kurze Zeit ins nächstgelegene Krankenhaus und brachte von dort Medikamente gegen die vielen Krankheiten der Bari mit. Er suchte die Medizinfrau auf und zeigte ihr, wie sie neben ihren Zeremonien auch Desinfektionsmittel und Medikamente einsetzen konnte. Im Lauf der nächsten Monate und Jahre half Bruchko den Bari, Krankenstationen und Schulen einzurichten und selbst zu führen; schließlich lebten außer ihm keine Fremden hier.

Es gelang ihm sogar, das Vertrauen des obersten Häuptlings zu gewinnen, der ihn anfangs für einen Verräter gehalten hatte und töten wollte. Nun zeigte Bruchko ihm, wie man Getreide anbaut und Nutztiere hält, damit sich die Ernährung und Gesundheit der Bari verbesserten. Nur wie er ihnen von Jesus erzählen sollte, war ihm auch nach fünf Jahren noch nicht klar. »Nichts, was ich über Jesus sagen konnte, würde ihnen sinnvoll erscheinen«, dachte Bruchko. Außerdem wollte er nicht, dass nur wenige anfingen zu glauben und es deswegen zu Spaltungen kam. Deshalb betete er: »Jesus, diese Menschen brauchen dich. Zeige dich ihnen. Werde ein Bari!«

Wenig später liefen Bruchko und zwei andere durch den Dschungel und hörten gequältes Geschrei. Als Bruchko den lärmenden Mann fand, rief dieser gerade verzweifelt in einen tiefen Graben hinein: »Gott, komm aus dem Loch heraus!« Was für ein schräger Anblick! Bruchkos Begleiter erklärten ihm, dass der Bruder des Mannes gestorben sei und er Gott dazu bewegen wolle, ihn zurückzubringen. Doch ihre Legenden besagten, dass sie Gott nicht mehr kannten und verloren waren. Einer der Männer sah den blonden Bruchko an und erinnerte sich an die Legende von der Bananenstaude. Bobby schnitt eine ab und warf sie herüber: »Aus so einer Staude soll Gott kommen!«, rief er. Einer der Männer schlug mit seiner Machete darauf und ein Teil fiel so auf den Boden, dass die Blätter sich auffächerten wie ein Buch. Bruchko holte eilig seine Bibel hervor und rief: »Das ist es! Das ist Gottes Bananenstaude!«

Die Bari stellten viele Fragen und Bruchko erinnerte sich an eine weitere Legende, die er gehört hatte: Ein Mann hatte sich in eine Ameise verwandelt, weil die Tiere nur so Vertrauen zu ihm schöpften und er ihnen beim Hausbau helfen konnte. »So wie dieser Mann eine Ameise wurde«, erklärte Bruchko, »so wurde Gott Mensch.« Im Lauf der Zeit erklärte Bruchko ihnen anhand mehrerer weiterer ihrer Legenden die Geschichte von Jesus. Eines Tages sagte Bobby zu Bruchko: »Jesus ist unsere Pfade gegangen! Ich bin ihm begegnet.« Er und viele weitere begannen, ihr Leben nach Jesus auszurichten, und die Bari erlebten tief greifende Veränderungen. Ihre Gesundheit verbesserte sich und die Bildung half ihnen, sich dagegen zu wehren, dass ihnen ihr Land genommen wurde. Außerdem entwickelte sich eine Nächstenliebe, wie es sie in ihrer Kultur zuvor nicht gegeben hatte. Das verzweifelte Gefühl der Verlorenheit, mit dem bisher viele Bari gelebt hatten, wich einem tiefen Vertrauen zu Jesus.

DAMARIS KOFMEHL

**1970*

GESCHICHTEN ERFAND DAMARIS schon, bevor sie schreiben konnte. Sie diktierte sie einfach ihrer Mutter. Später beschloss sie, ein Buch zu veröffentlichen – und zwar früher als ihre Lieblingsschriftstellerin, die ihr erstes Buch mit sechzehn geschrieben hatte. Geplant, getan: Mit fünfzehn Jahren schickte Damaris ihr erstes Manuskript an sechs Verlage. Die Überraschung: Drei wollten das Buch tatsächlich veröffentlichen! Das ist ziemlich krass, denn von den vielen Büchern, die Verlage angeboten bekommen, werden nur die allerwenigsten veröffentlicht. Zwei Verlage stellten allerdings eine Bedingung: Damaris sollte Gott aus ihrer Geschichte herausstreichen.

Gott war da schon ziemlich wichtig in Damaris' Leben. Mit dreizehn Jahren hatte sie beschlossen: Ganz oder gar nicht! Dann hatte sie sich hingekniet und Jesus eingeladen, Chef ihres Lebens zu werden. Deshalb entschied sie sich am Ende für den dritten, einen christlicher Verlag, obwohl die Aussicht, dort eine richtig berühmte Autorin zu werden, nicht besonders groß war. Aber sie fand: Wenn Gott ihr das Talent gegeben hatte, wollte sie es für ihn einsetzen und nicht für sich selbst.

Ihr Roman wurde tatsächlich ein Erfolg und sie schrieb später viele weitere Bücher. Außerdem machte sie eine Ausbildung zur Grundschullehrerin und beschloss anschließend, ihre Heimat, die Schweiz, eine Weile zu verlassen und Missionarskinder in Costa Rica zu unterrichten. Als sie anderthalb Jahre später in die Schweiz zurückkehrte, schlug ihr Verlag ihr vor, ein Buch über Straßenkinder zu schreiben. Sie war begeistert. Jemand gab ihr die Adresse von einer Organisation in São Paulo in Brasilien. Als sie dort ankam, erklärten ihr die Pastoren Rosa und Roland, dass just in einer Woche ihr Straßenkinderprojekt eröffnet werden sollte und Damaris gern dabei mithelfen könnte, während sie ihr Buch schrieb. Perfektes Timing!

Damaris begleitete Virgilio, einen Missionar für Straßenkinder, der ihr die Verstecke der Jungen und Mädchen zeigte. Sie krochen in Öffnungen unter Brücken, in Schächte von Autotunneln und auf Mittelstreifen von mehrspurigen Straßen. Überall roch es nach Abgas und Urin. Die Straßenkinder hausten zwischen Kartons, zerschlissenen Matratzen und Türmen von Abfall. Damaris war erschüttert über das Leben dieser Straßenkinder und zugleich ermutigt, wie viel Kraft Virgilios Worte hatten und wie viel Licht sein Reden über Gottes Liebe in die Augen der Kinder brachte. In einem Camp lernte Damaris Jugendliche kennen, die auf der Straße gelebt und dann ein Leben mit Jesus angefangen hatten. Über zwei von ihnen, Marcio und Shannon, schrieb Damaris später Bücher. Shannon war es auch, die vor Damaris' Rückflug nach Hause sagte: »Komm zurück, wir brauchen hier Leute wie dich.«

Dieser Satz wirkte in Damaris weiter. Hatte sie nicht selbst schon einmal gesagt, sie wolle nicht nur über die Probleme der Welt diskutieren, sondern auch selbst etwas dagegen tun? Während sie in der Schweiz ihre Bücher schrieb, hatte sie das Gefühl, Gott hätte eine Aufgabe in Brasilien für sie. Sie überlegte: Wenn sie das dafür nötige Visum bekäme, würde sie das als Zeichen von oben sehen. Denn sie wusste: Solch ein Visum war nicht leicht zu bekommen. Aber die Sachbearbeiterin genehmigte ihren Antrag innerhalb weniger Minuten. Damit war für Damaris klar, dass Gott diese Reise arrangiert hatte!

Als Damaris nach Brasilien zurückkehrte, war sie überrascht, dass viele der Jungs nicht mehr da waren. Einer war sogar erschossen, ein anderer von einer Gangsterbande erstochen worden. Aber andere hatten Gott erlebt. Einer der Straßenjungen hatte sich aus Wut auf den Weg gemacht, um jemanden zu erschießen. Doch dann hatte er eine Stimme gehört, die seinen Namen rief, obwohl niemand in der Nähe war. Er erinnerte sich an das, was er über Jesus gehört hatte, und steckte seine Waffe wieder ein.

Damaris' Arbeit mit den Jungs von der Straße war nie einfach. Sie benahmen sich nicht wie Kinder aus behüteten Familien. Sie rauften, stritten und klauten auch weiterhin, aber einige erlebten Wunder, begannen ein Leben mit Jesus und wurden radikal verändert. So viele schöne Entwicklungen Damaris erlebte, so viele herbe Enttäuschungen musste sie auch einstecken. Eine neue Leiterin des Projekts startete mit Elan und bereicherte sich am Ende an den Spendengeldern, die Damaris' Freunde aus der Schweiz schickten. Ein Mitarbeiter, dem sie vertraute, brach bei ihr ein und stahl ihr eine hohe Summe, die sie über das Wochenende bei sich aufbewahrte. Gleiches tat ein Straßenjunge, für den sie sich aufgeopfert hatte. In der Gerichtsverhandlung ließ er es dann plötzlich sogar so aussehen, als hätte sie den Einbruch nur vorgetäuscht. Immer wieder war Damaris am Ende, ausgelaugt, verzweifelt. Sie fragte Gott um Rat, war mutlos und erlebte doch immer wieder, wie er ihr Frieden schenkte – und immer wieder ein großes Herz für die Straßenkinder.

Sechs Jahre nach ihrer ersten Ankunft in Brasilien hatte sie schließlich den Eindruck, Gott würde sie nach Hause schicken. Doch kurz vorher kam spannender Besuch: Eine christliche Punkband spielte in São Paulo und wollte sich auch das Straßenkinderprojekt ansehen. Ein schwarzer Amerikaner mit blondierten Haaren interessierte sich besonders für die Straßenkinder und stellte viele Fragen. Demetri war selbst im Gefängnis zur Welt gekommen und hatte auf der Straße gelebt. Bei ihm spürte Damaris dieselbe Liebe für die Straßenkinder, die sie selbst empfand.

Wenig später beschloss sie, ein Buch über ihn zu schreiben. Seine Story würde sich großartig erzählen lassen! Sie flog in die USA – und ab da überschlugen sich die Ereignisse: Demetri erzählte ihr, dass ihn die Straßenkinder nicht losgelassen hatten und er schon ein Ticket für seine Rückkehr nach Brasilien gekauft hatte. Damaris verliebte sich Hals über Kopf in diesen unkonventionellen Amerikaner, der drei Jahre zuvor Jesus begegnet und seither zutiefst begeistert von ihm war. Aktuell leitete er eine Reha für eine bunte Schar Drogenabhängiger mitten im Wald. Keine zwei Wochen nach ihrer Ankunft in den USA glaubte Demetri Gott sagen zu hören, sie sollten heiraten. »Aber du darfst sagen, wann«, erklärte er Damaris.

»Gestern!«, rief sie. Neun Tage später machten sie ernst. Sie waren sich bewusst, wie riskant das war, hatten aber zugleich das starke Empfinden, das Richtige zu tun. Damaris schrieb Demetris Geschichte auf – und sich selbst hinein.

In Brasilien gründeten sie die Hilfsorganisation »Open Arms«. Sie gingen auf die Straße zu den Kids, mieteten Räume und starteten einen täglichen Gottesdienst mit Frühstück. Schon bald waren die Gottesdienste überfüllt – und bewegend: Kinder, die geklaut, gedealt und gemordet hatten, saßen hier zusammen und spürten Gott und seine Liebe. Einfach war die Arbeit auch jetzt nicht. Manche Kinder verschwanden, Jugendliche kamen ins Gefängnis, aber einige konnten Damaris, Demetri und ihre Mitarbeiter an Heime und Drogenrehas vermitteln oder zurück zu ihren Familien bringen. Sie trösteten sie, hörten ihnen zu und zeigten ihnen Gottes Liebe.

Zwei Jahre später zogen Damaris und Demetri nach Deutschland, um hier in einer Gemeinde als Jugendpastoren zu arbeiten. Als die Anstellung auslief, hielten sie Camps, Internetpredigten, Einsätze in Gemeinden, Schulen und Gefängnissen; Demetri gab Konzerte und Damaris schrieb Bücher.

Nicht immer ging es Demetri gut. Er litt an einer bipolaren Störung und an Diabetes und fiel in ein tiefes Loch, als sein Pflegesohn starb. Und dann geschah das Unfassbare: Fünfzehn Jahre nach ihrer Hochzeit fand Damaris auch ihren Mann tot im Bett. Gott habe es wohl nicht mehr ohne Demetri ausgehalten, sagte der Pastor bei der Beerdigung. Ihr geliebter Mann, ihr Partner in Leben und Arbeit war nicht mehr da. Seine Diabeteserkrankung war wohl eine Todesursache. Doch Damaris wäre nicht die »Kämpferseele«, als die sie sich in ihrem Buch selbst beschreibt, wenn sie aufgegeben hätte. Und so kämpft und liebt sie weiter und schreibt an der Geschichte ihres Lebens.

HOLY BIBLE

BRUDER YUN

(Liu Zhenying)

**1958*

UM ZU VERSTEHEN, was Yun erlebt hat, muss man ein bisschen mehr über die Geschichte Chinas wissen. Viele Jahrhunderte hatten Kaiser das große Reich regiert, dann übernahmen 1949 die Kommunisten unter dem Diktator Mao Tse-tung die Macht. Alle Chinesen wurden gezwungen, Kommunisten zu werden. Kritiker wurden nicht geduldet, Gegner hart bestraft und etliche sogar getötet. Maos Pläne, Wohlstand für alle zu schaffen, gingen dramatisch schief. Stattdessen starben bis zu 45 Millionen Menschen an Hunger.

Für Yun bedeutete die Armut, dass er kaum zur Schule gehen konnte. Er und seine vier Geschwister mussten irgendwie Essen auftreiben. Als er sechzehn war, bekam sein Vater auch noch Krebs. Eines Nachts hörte seine Mutter eine freundliche Stimme sagen: »Jesus liebt dich.« Viele Jahre zuvor hatte sie durch eine Missionarin von Jesus gehört und angefangen, an ihn zu glauben. Doch weil die meisten Pastoren verhaftet und alle Gemeinden aufgelöst worden waren, hatte sie vieles bereits wieder vergessen. Als die Stimme sie nun neu an Jesus erinnerte, rief sie Yun und ihre anderen Kinder zusammen und sie beteten um Heilung für den Vater. Und das Wunder geschah: Schon am nächsten Morgen fühlte der Vater sich besser und wurde schließlich gesund.

Yun wollte mehr über diesen Jesus wissen, der seinen Vater geheilt hatte. Sein größter Wunsch war, eine Bibel zu besitzen, um alles über Jesus zu lesen. Wie alle Bücher – außer dem des Diktators – war die Bibel in China jedoch verboten. Seine Mutter erinnerte sich aber an einen alten Mann, der Pastor gewesen war. »Die Bibel ist ein Buch vom Himmel. Wenn du eine Bibel haben willst, musst du zum Gott des Himmels beten«, erklärte dieser Yun. Jeden Abend kniete sich Yun also hin und betete, ohne dass etwas geschah. Verzweifelt suchte er einen Monat später den alten Mann wieder auf.

»Wenn es dir ernst ist, solltest du auch fasten und weinen«, riet ihm dieser. Yun aß von da an nur noch abends eine Schale Reis und betete hundert Tage lang um eine Bibel. Dann hatte er einen Traum, wie er später noch viele in seinem Leben hatte. Yun erlebte oft, dass Gott auf diese ungewöhnliche Weise zu ihm sprach. Er träumte von drei Männern, die ihm von einem Berg entgegenkamen. Einer reichte ihm ein Brötchen, das sich beim Abbeißen in eine Bibel verwandelte. Als Yun wieder wach war, klopfte es an der Tür und davor standen zwei der Männer aus dem Traum. Ein Evangelist hatte vor Wochen ebenfalls einen Traum gehabt: Er sah darin, in welches Haus in welchem Dorf er seine Bibel bringen lassen sollte.

Yun staunte über Gottes Handeln und die Bibel wurde für ihn zu einem kostbaren Schatz. Weil er nur unregelmäßig die Schule besucht hatte, fiel ihm das Lesen anfangs schwer, aber er biss sich durch und lernte schließlich ganze Kapitel auswendig. Als er zur Apostelgeschichte kam, fragte er sich, wer genau wohl der Heilige Geist war, von dem er in diesem Buch der Bibel so viel las. Er betete darum und erlebte eine tiefe Liebe von Gott. Eines Abends fühlte es sich an, als würde ihm jemand auf die Schulter klopfen und sagen: »Yun, ich sende dich nach Westen und nach Süden, um Gottes gute Nachricht weiterzugeben.«

Nachts hatte er wieder einen besonderen Traum: Ein Mann wollte, dass er in sein Dorf im Westen kam, ein anderer Mann würde aus dem Süden zu ihm kommen. Yun bat seine Mutter, an seiner Stelle auf den Mann im Süden zu warten, und machte sich selbst auf den Weg zu dem Dorf im Westen. Er war ziemlich aufgeregt, als dort schließlich dreißig Menschen vor ihm saßen. Denn er war ja erst sechzehn Jahre alt. Er erzählte, wie er seine Bibel bekommen hatte, und sagte das Matthäusevangelium auswendig auf. Die Dorfbewohner waren bewegt. Sie weinten und wollten mehr von ihm erfahren.

Doch Yun wusste, dass er auch noch in den Süden gehen sollte. Als er nach Hause kam, traf er tatsächlich den jungen Mann aus seinem Traum, der ihn mit in sein Dorf nahm. Wieder erzählte Yun von dem, was er aus der Bibel wusste. Viele Menschen entschieden sich in dieser Zeit, ihr Leben auf Jesus und die Bibel zu gründen. Das blieb den kommunistischen Behörden nicht verborgen und etliche der neuen Christen wurden verhaftet. Yun war siebzehn, als er zum ersten Mal ins Gefängnis kam. Doch die Verfolgung erreichte nicht ihr Ziel: Die Christen standen nun noch enger zusammen und hielten sich noch entschlossener an Gott. Immer mehr Menschen machten Jesus zu ihrem Lebensmittelpunkt.

Deshalb dachte sich die Regierung eine neue Strategie aus: Sie gründete selbst eine Organisation für die verschiedenen Religionen und hoffte, sie dadurch besser zu kontrollieren. Viele Christen schlossen sich dieser sogenannten Drei-Selbst-Kirche an. Doch vieles ist dort bis heute verboten: Kinder dürfen nichts über den Glauben lernen, Evangelisation ist nicht erlaubt, bestimmte Themen sind tabu. Yun und viele andere Christen wünschten sich mehr Freiheit und gründeten stattdessen Hauskirchen, also kleine Gemeinschaften, die sich heimlich in Privathäusern treffen. Weil sie verboten sind, müssen ihre Mitglieder häufig fliehen und Unzählige wurden schon verhaftet.

Als Yun fünfundzwanzig Jahre alt war, wurde er von einigen Verantwortlichen der Hauskirchenbewegung in die chinesische Provinz Shaanxi geschickt, um den Christen dort zu helfen. Am Abend vor dem Aufbruch träumte Yun von einer abscheulichen Kreatur, vor der ihn schließlich ein Engel rettete. Yun sah dies als Warnung, dass die Reise nicht einfach werden würde. Und schon nach wenigen Tagen in Shaanxi traten Beamte seine Zimmertür ein, fesselten ihn und banden ihm ein schweres Kreuz auf den Rücken. Sie traten und schlugen ihn, bis sein Gesicht blutüberströmt war, und führten ihn durch die Straße. So sollten die Menschen abgeschreckt werden, Christ zu werden. Yun wurde verhört, konnte aber fliehen und nach mehreren Stunden Wanderung in der Dunkelheit erkannte ihn ein Mann und rief: »Bruder Yun, wie siehst du denn aus?«

Ausgerechnet dieser Mann hatte den Gottesdienst besucht, in dem Yun gepredigt hatte! Der Mann brachte ihn zu dem Haus zurück, in dem Yun verhaftet worden war. Yun erzählte den erschütterten Christen dort, wie Gott ihm geholfen hatte zu fliehen, und ermutigte sie, an ihrem Glauben festzuhalten.

Yun heiratete und bekam einen Sohn und eine Tochter, doch ein geregeltes Familienleben erlebten sie nur selten. Oft war er unterwegs zum

Predigen oder auf der Flucht vor den Behörden. Einmal verließen er und andere Christen gerade einen Abendgottesdienst, als sich ihnen ein Dutzend Männer mit Taschenlampen entgegenstellten. Ein Mann streckte Yun mit einem Elektroschocker nieder, die anderen trampelten auf ihn ein. Yun hörte eine leise Stimme sagen: »Ich weiß!« Er fühlte sich von Gott getröstet. Als ein Polizist ihn kurz darauf nach seinem Namen fragte, wollte Yun die anderen Christen im Haus warnen, indem er Lärm machte. Also stellte er sich verrückt und rief mit lauter Stimme: »Ich bin ein Mann des Himmels!« So kam er zu seinem Spitznamen »Heavenly Man«.

Mehrfach wurde Yun eingesperrt, insgesamt sieben Jahre saß er im Gefängnis. Weil die Behörden ihn zwingen wollten, die Namen seiner Mitstreiter zu verraten, wurde er oft gefoltert. Beamte schlugen ihn mit Stöcken und Elektroschockern, zertrümmerten seine Beine, sodass er nicht mehr laufen konnte, warfen ihn in ein Becken voller Kot und schickten ihn bei kargem Essen zu harter Arbeit in ein Lager. Manchmal verzweifelte Yun und war deprimiert, doch noch öfter spürte er, dass Gott ihn durch Träume und Bibeltexte tröstete. Viele Gefangene begannen an Jesus zu glauben, weil sie an Yuns Liebe und Hingabe erkannten, wie Gott sie liebte. Am Ende erlebte er sogar, dass er auf wundersame Weise aus einem Hochsicherheitsgefängnis durch viele Eisentüren fliehen konnte.

Heute lebt Yun in Deutschland und hält weltweit Vorträge über seine Erlebnisse. Er lädt Menschen dazu ein, Jesus zu vertrauen und sich so engagiert für ihn einzusetzen wie die chinesischen Christen in den geheimen Hauskirchen.

JENN JOHNSON

**1982*

JENN SPIELTE WIE SO OFT BASKETBALL zu Hause auf ihrem Grundstück in Kalifornien. Sie war ungefähr zehn Jahre alt und es dämmerte bereits, als sie immer wieder auf den Korb zielte. Sie hatte schon eine Menge über Gott gehört, ging in den Kindergottesdienst und lernte von ihren Eltern viel über den Glauben. Sie mochte Gott und wollte gern mit ihm leben. Aber sie fragte sich manchmal auch, ob es ihn wirklich gab. Als sie den Ball dribbelte und hochwarf, sah sie eine Straßenlaterne und sagte spontan zu Gott: »Wenn du real bist, dann mach, dass die Straßenlaterne dreimal blinkt.« Klar, Gott ließ nicht ständig Straßenlaternen blinken, wenn ihn jemand darum bat. Wer weiß, ob es überhaupt schon mal passiert war. Aber an diesem Abend sah Jenn die Laterne tatsächlich blinken, und zwar dreimal. Überrascht ließ sie den Basketball fallen, lief ins Haus und rief: »Mama, Mama, Gott ist real!« Für Jenn war das ein wichtiges

Erlebnis, weil sie nun nicht mehr nur etwas ÜBER Gott wusste, sondern MIT ihm etwas erlebt hatte. Sie war sich sicher: Gott ist da und handelt noch heute.

Mit sechzehn jobbte sie bei McDonald's. In Kalifornien darf man in diesem Alter schon einen Führerschein machen, deshalb konnte sie mit dem Auto zur Arbeit fahren. Während sie eines Morgens hinter dem Lenkrad saß, betete sie: »Ich will deine Stimme hören. Egal, was du sagst, ich sehne mich danach, dich reden zu hören. Ich möchte dich kennen.« Seit der Basketball-Geschichte fühlte es sich für Jenn so an, als wäre Gott nicht mehr nur ein Bekannter, den man ab und zu mal trifft, sondern ein Freund, mit dem man sich unterhält und der ein Gegenüber ist. Aber sie wünschte sich, ihn noch besser kennenzulernen, so wie man eine beste Freundin kennt, von der man die Lieblingsfarbe und die Lieblingseissorte weiß und bei der man ahnt, wie sie tickt und fühlt. Sie wünschte sich noch besser zu wissen, was Gott traurig und glücklich macht und was er denkt.

Sie glaubte fest: Die Bibel zeigt uns, wer Gott war, ist und immer sein wird. Aber sie war auch überzeugt, dass wir eine engere Freundschaft mit Gott pflegen und sein Reden ganz persönlich wahrnehmen können. »Wie kann ich dich hören? Wie kann ich wissen, was du denkst und fühlst?«, fragte sie Gott an diesem Tag. Aus den Augenwinkeln sah sie am Straßenrand Müll liegen. Sie hatte das Gefühl, dass Gott sagte, sie solle ihn aufheben. Aber irgendwie klang das albern. »Ich würde alles für dich tun«, sagte sie zu Gott, »aber diesen Müll aufzuheben, ist doch idiotisch und sinnlos. Niemand wird dadurch gerettet oder lernt dich kennen.«

Sie fuhr den Hügel hinunter, der vor ihr lag, aber als sie unten angekommen war, hatte sie immer noch den Eindruck, dass Gott ihr in diesem Moment sagte, sie solle den Müll aufheben. Also wendete sie das Auto, fuhr den Hügel wieder hinauf, bis sie den Müll sah, stieg aus und sammelte ihn ein. Als sie ihn auf der Arbeit in den Mülleimer warf, geschah ... nichts. Es geschah weder etwas Spektakuläres noch überhaupt irgendetwas. Aber sie hatte dennoch das Gefühl, dass es für sie bedeutsam gewesen war. Denn sie hatte sich entschieden, Gott zu gehorchen und ihm zu vertrauen. ›Vielleicht wird Gott mir im Himmel eines Tages zeigen, wofür es gut war‹, dachte sie. ›Auch wenn ich sein Reden in manchen Situationen nicht kapiere, zeigt Gott uns irgendwann vielleicht, was dadurch geschehen konnte und wie viel Gutes es indirekt bewirkt hat.‹

Auf diesem Weg zur Arbeit wurde Jenn klar, dass sie nicht alles verstehen musste, was Gott ihr sagte. Es würde nie dem widersprechen, was in der Bibel stand, und natürlich war es immer ratsam, gerade große Schritte mit anderen Menschen zu bedenken, die schon länger mit Gott unterwegs waren. Denn manchmal können wir Gottes leise Stimme auch falsch verstehen. Aber Jenn war entschlossen, Gott bedingungslos zu gehorchen.

Trotzdem lief in ihrem Leben nicht alles glatt. Es gab Zeiten, in denen sie Gott nicht spürte, in denen sie ihn, die Bibel und den Glauben anzweifelte. Sie lernte: Auch wenn wir Gott in manchen Zeiten erleben, kann es andere Zeiten geben, in denen wir uns ihm fern fühlen. In einer solchen schwierigen Situation gab ihr eine Gastrednerin der Gemeinde einen guten Rat: »Wenn du Gott nicht fühlst, hast du nichts falsch gemacht. Sondern es ist eine Einladung von ihm – eine Einladung, ihn in dieser Zeit stattdessen durch sein Wort, die Bibel, besser kennenzulernen und zu lernen, ihm zu vertrauen.« Das war ein wichtiger Anstoß für sie, mehr in der Bibel zu lesen und daraus über Gottes Wesen zu lernen.

Jenn war musikalisch und spielte seit ihrer Kindheit Klavier. Nachdem ihr Freund Brian und sie geheiratet hatten, nahmen sie das Angebot an, als Musikpastoren in der Kirche von Brians Vater anzufangen. Sie leiteten die Anbetungszeiten in den Kleingruppen der Gemeinde und manchmal auch im Sonntagmorgen-Gottesdienst. Nachdem Jenn ihr erstes Kind bekommen hatte, spürte sie immer noch die große Leidenschaft, die Kirche mitzuleiten und Menschen zu lehren und zu prägen, aber gleichzeitig sagten viele: »Wenn du Kinder hast, ist das alles vorbei, dann kannst du einpacken und zu Hause bleiben.«

Jenn war verunsichert und verzweifelt. Musste sie ihre Leidenschaft für die Gemeinde jetzt begraben? Sie erzählte einer Predigerin von ihrem Frust. »Dein Leben mit Kindern und in der Kirche wird so aussehen, wie Gott es führt«, sagte die Predigerin ihr. »Es gibt kein Schema, nach dem dein Leben ablaufen muss. Du folgst dem Heiligen Geist und er wird dir den Weg zeigen, den du gehen kannst.«

Jenn fühlte sich befreit. Sie hatte noch nie erlebt, dass eine Frau auf weibliche Art und gemeinsam mit ihrem Mann Führungsaufgaben in der Gemeinde übernahm, also musste Gott es ihr zeigen. Sie und Brian bekamen zwei Töchter und einen Sohn und leiteten weiterhin zusammen die musikalische Anbetung. Sie veröffentlichten eine erste CD, sechs Jahre später eine zweite und seither viele weitere. Mittlerweile werden ihre Lieder weltweit in Kirchen gesungen. Viele Musiker lassen sich in Konferenzen von ihnen für ihren Einsatz in der Gemeinde ausbilden. »Ich liebe, dass es in der Anbetung allein um Jesus geht«, sagt Jenn.

Eines Tages predigte eine australische Pastorin in ihrer Gemeinde über die Geschichte von Jesaja aus dem Alten Testament. Darin sagt Jesaja zu Gott: »Hier bin ich, sende mich« und meint damit: »Meine Antwort ist Ja, noch bevor du fragst.« Jenn überlegte, wozu Gott sie wohl senden wollte und was ihr Auftrag war, denn sie wollte gern Ja sagen.

Eine Woche später sahen sie und Brian eine Fernsehsendung über eine weiße Familie, die einen dunkelhäutigen Jungen adoptierte, und Jenn musste plötzlich unerwartet weinen. Jenn und Brian hatten den Eindruck: Das war ihre Aufgabe! In den USA warten rund 150 000 Kinder auf eine Adoption. Ihre Eltern können sich meist nicht richtig um sie kümmern, weil sie selbst zu viele Probleme haben. Viele dieser Kinder leben in Heimen und werden erwachsen, ohne je die Geborgenheit einer Familie erlebt zu haben. Manche von ihnen sind so verzweifelt, dass sie auf kriminelle Wege geraten.

Jenn und Brian fragten Gott, ob ihr Eindruck richtig war, und beiden wurde jeweils ein Bibelvers wichtig, den sie als Bestätigung sahen: »Gott wird geehrt, wenn jemand den Waisen und Witwen beisteht« (nach Jakobus 1,27) und »Liebe muss sich in Taten zeigen« (nach 1. Johannes 3,18). Eine Adoption war eine Tat aus Liebe, die ihnen möglich war. Sie begannen den langen Prozess. In den USA sucht in vielen Fällen die leibliche Mutter die Adoptionseltern aus und Jenn und Brian freuten sich, als sich eine Frau für sie entschied. Überwältigt konnten sie ihren neuen Sohn gleich nach der Geburt im Arm halten. Drei Jahre später adoptierten sie einen weiteren Jungen.

Es gibt kein Schema für unser Leben, das hatte Jenn gelernt. Sie konnte andere um Rat fragen, in der Bibel lesen und sich von Gott Schritt für Schritt zeigen lassen, wie sie es leben sollte.

DIETRICH BONHOEFFER

1906–1945

DIETRICHS FAMILIE GLAUBTE SCHON, er wolle Pianist werden. So gut beherrschte er den Flügel, wenn seine Eltern mit ihm, seiner Zwillingsschwester Sabine und sechs weiteren Geschwistern samstagabends Hausmusikkonzerte gaben. Doch Dietrich interessierte sich auch sehr für den Konfirmandenunterricht und die Geschichten der Bibel, obwohl die Familie nur selten den Gottesdienst besuchte. Bald zeichnete es sich ab, dass er wohl doch eher Pfarrer als Pianist werden würde. Seine Brüder fanden die Kirche lahm und kraftlos. Aber Dietrich entgegnete: »Dann werde ich diese Kirche reformieren!«

Mit siebzehn begann er an der Tübinger Universität Theologie zu studieren und schon in diesem Alter war er anderen Studierenden in theologischem und philosophischem Denken oft überlegen. Aber Dietrich war kein weltferner Streber, sondern genoss ebenso gutes Essen, war fröhlich und humorvoll. Neben seinem Studium engagierte er sich im Kindergottesdienst und in einer Jugendgruppe. Nach seiner praktischen Pfarrer-Ausbildung in

Barcelona arbeitete er als Assistent eines Berliner Theologie-Professors und ging 1930 für ein Jahr zum weiteren Studium nach New York.

Damals herrschten schwierige Zeiten – in Deutschland wie in den USA. Ein Jahr vorher hatte mit dem Crash der New Yorker Börse die Weltwirtschaftskrise begonnen, die zur Zahlungsunfähigkeit vieler Firmen, zu Massenarbeitslosigkeit und viel Elend in der Bevölkerung führte. Über einen Mitstudenten bekam Dietrich Kontakt zu einer Gemeinde mit vielen afroamerikanischen Mitgliedern. Die Gospelmusik dort riss ihn mit und er spürte, welche großen Auswirkungen Jesus und die Botschaft seiner Auferstehung unter Menschen hatten, die in Armut lebten. Er lernte, wie es ist, sich als Pastor um Menschen zu kümmern, und begann, seinen Glauben noch viel intensiver zu leben. Ihm wurde klar, dass die Bibel zu den Schwierigkeiten damals etwas zu sagen hatte, und erlebte, dass Gott zu ihm sprach, wenn er darin las.

In Deutschland nutzten extreme politische Gruppen die unruhige Lage nach dem Ersten Weltkrieg und in der Weltwirtschaftskrise. Sowohl Kommunisten wie Nationalsozialisten versprachen, die gesellschaftlichen Probleme zu lösen, und fanden viele Anhänger. Diese wussten meist nicht, welche Veränderungen die Parteien genau planten. Sie wünschten sich einfach wieder mehr Stabilität im Land.

1933 kamen die Nationalsozialisten unter der Führung von Adolf Hitler an die Macht. Sie verwandelten die Demokratie innerhalb weniger Monate in eine Diktatur. Anders als viele andere Deutsche sah Dietrichs Familie die Lage von Anfang an kritisch und befürchtete Krieg. Bereits zwei Tage nach Hitlers Machtergreifung hielt Dietrich eine Radioansprache und verurteilte darin die Entwicklungen. Wegen seiner Kritik wurde die Radioübertragung abgebrochen. Schon wenige Wochen später wurden politische Gegner in Konzentrationslager gesperrt. Kurz darauf wurden Juden diskriminiert und abtransportiert und unerwünschte Bücher verbrannt.

Dietrich fand, dass die Kirche sich nicht raushalten durfte, wenn der Staat nicht rechtmäßig handelt. Sie musste Opfern helfen und notfalls »dem Rad selbst in die Speichen« fallen, wie er es formulierte. Das hieß: Widerstand gegen den Staat leisten.

Doch viele Christen stellten sich zu Hitler, der die Kirche mit dem Nationalsozialismus gleichschalten wollte. Sie nannten sich »Deutsche Christen« und unterstützten seine Ideologie von Judenhass und einer überlegenen nordischen »Rasse«. Sie deuteten das Alte Testament als »jüdisches Buch« und wollten es abschaffen. Jesus sollte nur noch als Vorbild für »männliches Heldentum« gelten. Pfarrer mit jüdischen Vorfahren wurden ausgeschlossen.

Dietrich war empört. Eine so diskriminierende Kirche war für ihn nicht mehr christlich. Mit anderen Kollegen gründete er 1933 den »Pfarrernotbund«, der Pfarrern jüdischer Herkunft half und in der Kirche wichtige Diskussionen über Judenhass, Hitler und die richtige Haltung der Kirche anstieß. Dietrich ging für zwei Jahre nach London, deshalb bekam er nur aus der Ferne mit, dass diese Diskussionen zu einer breiteren Bewegung wurden, viele Christen sich mehr und mehr klar von den »Deutschen Christen« und den von den Nationalsozialisten gelenkten Strukturen distanzierten und 1934 die »Bekennende Kirche« gründeten. Die Beteiligten waren überzeugt, dass man als Christ nur Jesus und der Bibel gehorchen muss, und lehnten Hitlers Führeranspruch ab. Das fand auch Dietrich richtig. Er wünschte sich aber noch mehr. In London lernte er viele Menschen kennen, die aus Deutschland hatten fliehen müssen, weil sie Juden waren oder sich gegen die Nazis gestellt hatten. Er war überzeugt, dass die

»Bekennende Kirche« sich stärker für diese Menschen einsetzen und politisch mitdiskutieren musste. Doch dazu konnte sie sich nicht durchringen.

Als die »Bekennende Kirche« beschloss, ihre Pfarrer selbst auszubilden, kehrte Dietrich nach Deutschland zurück und übernahm die Leitung der Ausbildungsstätte Finkenwalde. Mit den angehenden Pfarrern dachte er über die Themen nach, die ihm selbst wichtig waren: Wie können wir als Christen so leben und Jesus nachfolgen, wie es in der Bibel beschrieben ist? Wie können wir christliche Gemeinschaft leben?

Zwei Jahre später wurde das Seminar von der Gestapo, der Geheimen Staatspolizei, geschlossen. Dietrich durfte offiziell nicht mehr lehren, aber einige mutige Pfarrer boten ihm Schutz und er bildete heimlich weiterhin Nachwuchspfarrer aus.

Sein alter Schulfreund Hans von Dohnanyi hatte mittlerweile seine Schwester Christine geheiratet, war ein einflussreicher Jurist geworden und hatte sich schon seit einiger Zeit mit einigen Verantwortlichen des militärischen Geheimdienstes zusammengetan, um etwas gegen Hitler zu unternehmen. Dietrich schloss sich ihnen an. Er arbeitete nun offiziell ebenfalls für den militärischen Geheimdienst, reiste aber in Europa herum, um bei hohen Kirchenleuten, die er kannte, Unterstützung im Kampf gegen Hitler zu finden.

Mittlerweile konnte er sich sogar vorstellen, dass in dieser Ausnahmesituation ein Attentat auf einen Mann wie Hitler, der so viele Menschen ermorden ließ, auch für einen Christen zu verantworten sei, um ihn aufzuhalten. Er fand: »Tatenloses Abwarten und stumpfes Zuschauen sind keine christlichen Haltungen.« Dietrich war überzeugt, dass Gott aus allem, auch aus dem Bösesten, Gutes entstehen lassen kann und will. Er hatte in dieser dramatischen Zeit auch Angst, schrieb aber zuversichtlich: »Ich glaube, dass Gott uns in jeder Notlage so viel Widerstandskraft geben will, wie wir brauchen. Aber er gibt sie nicht im Voraus, damit wir uns nicht auf uns selbst, sondern allein auf ihn verlassen.«

1943 wurden mehrere Anschläge auf Hitler geplant, die aber alle fehlschlugen. Einmal vereiste die als Likör getarnte Zeitbombe in Hitlers Flieger, einmal verließ Hitler zu früh den Saal. Im April 1943 wurde Dietrich ohne Angabe von Gründen verhaftet, allerdings konnte man ihm zunächst nichts vorwerfen. Auch nach dem bekanntesten Anschlagsversuch auf Hitler am 20. Juli 1944 wurde er erneut streng verhört, hielt aber allen Verhören stand. Schließlich entdeckte die Gestapo eher zufällig wichtige Aufzeichnungen der Widerstandsgruppe im Archiv des militärischen Geheimdienstes. Damit war Dietrichs Beteiligung an den Anschlagsplänen bewiesen. Er und die anderen Männer kamen als Hitlers persönliche Gefangene ins Kellergefängnis der Gestapo-Zentrale. Einige Monate später wurde Dietrich ins Konzentrationslager Buchenwald, kurz darauf ins KZ Flossenbürg verlegt. Am 5. April 1945 ordnete Hitler persönlich seine Hinrichtung an. Vier Tage später wurde Dietrich erhängt.

Später wurden Briefe veröffentlicht, die Dietrich aus der Haft geschrieben hatte. Darunter sein bekanntester Text, ein Gedicht, das später zu einem Lied vertont wurde und das sein Vertrauen in Gott beschreibt:

»Von guten Mächten wunderbar geborgen,
erwarten wir getrost, was kommen mag.
Gott ist mit uns am Abend und am Morgen
und ganz gewiss an jedem neuen Tag.«

ASIA BIBI

**1971*

OBWOHL IHR DORF etwa tausend Einwohner zählte, waren nur zwei Familien in Asias Dorf Christen. In Pakistan sind die meisten Menschen Muslime. Hindus und Christen sind in der Minderheit. Sie werden in dem Land oft benachteiligt und gehören meist zur ärmsten Bevölkerungsschicht. Doch Asias Familie kam gut zurecht. Sie verstanden sich mit ihren muslimischen Nachbarn, Asias Vater baute auf einem gepachteten Stück Land Weizen an, sie besaßen zwei Ziegen und ein Schaf und es gab immer genug Fladenbrot, Reis und manchmal Huhn, um satt zu werden. Mit zwanzig Jahren verliebte sich Asia in einen Mann, dessen Frau gestorben war und der häufig in ihrem Dorf Verwandte besuchte. Asia und Ashiq heirateten und zu den beiden Kindern, die Ashiq schon hatte, bekamen sie drei weitere.

Eines Tages ging Asias Ziege auf Wanderschaft und fand den Futtertrog ihrer Nachbarin Musarat. Die Ziege stieg hinein, der morsche Trog zerbrach und Musarat machte ihrem Ärger Luft. Das werde man der Christin heimzahlen, schimpfte sie. Asia bemühte sich, die Nachbarin zu beruhigen und die Angelegenheit zu klären, aber Musarat blieb unversöhnlich.

Wie viele andere in ihrem Dorf war Asia nicht zur Schule gegangen und konnte daher weder lesen noch schreiben. Die meisten Bewohner arbeiteten für einen muslimischen Landbesitzer. Auch Asia wollte mit Erntearbeiten zum Familieneinkommen beitragen und Falsa-Beeren pflücken, eine süßsaure asiatische Frucht, die an Dornensträuchern wächst und deshalb mühsam zu ernten ist. Asias Hände waren zerkratzt, außerdem war der pakistanische Sommer heiß und sie schwitzte, als sie endlich eine Pause machen durfte. Sie ging zum Brunnen, tauchte den gemeinschaftlichen Trinkbecher ein, nahm ein paar Schlucke und reichte den Becher weiter. Doch da mischte sich Musarat ein und rief einer anderen Frau zu: »Trink nicht davon! Das Wasser ist unrein!«

Musarat ereiferte sich, dass Asia das Brunnenwasser verunreinigt habe, weil sie als Christin zuerst den gemeinsamen Becher benutzt hatte. »Ihretwegen können wir jetzt nichts mehr trinken!«, schrie sie empört. Asia verteidigte sich, doch Musarat beschimpfte sie als »verdorbene Christin« und weitere Frauen schlossen sich ihr an. Sie forderten Asia auf, ihre »schändliche Religion« aufzugeben, bespuckten sie und stießen sie herum. Später behaupteten die Frauen, Asia hätte in diesem Streit gerufen: »Unser Christus ist Gottes wahrer Prophet, nicht euer Mohammed!« Aber bis heute bestreitet Asia, das gesagt zu haben. Sie lief nach Hause und erzählte ihrem Mann von dem Vorfall. Ashiq beruhigte sie und sagte, die Sache werde schnell vergessen sein. Doch darin irrte er.

Erst fünf Tage später wagte Asia sich erneut aufs Feld. Kurz darauf kamen Dutzende Männer und Frauen lärmend heran: »Tod der Christin! Tod der Christin!«, riefen sie, packten Asia und schlugen sie. Vor dem Haus des Dorfchefs wurde sie zu Boden gestoßen. Der islamische Prediger des Dorfes stellte sie vor die Wahl: Entweder wurde sie Muslima oder man würde sie töten. Als Asia sich weigerte, sich von Jesus abzuwenden, verprügelten die Dorfbewohner sie. Blutüberströmt und unter Schmerzen wurde sie von der Polizei ins Kommissariat gebracht. Der Prediger und Musarat kamen ihnen nach und erklärten dem Polizeichef, Asia habe den Propheten Mohammed beleidigt. Dies gilt in Pakistan als schwere Straftat, die sogar mit der Todesstrafe geahndet werden darf. Besonders problematisch ist, dass diese Gesetze bei Streitereien missbraucht werden können und Leute einfach behaupten, der andere hätte etwas gegen den Propheten gesagt. Zudem finanzieren extremistische Muslime Rechtsanwälte, die die Kläger vertreten, sodass diese keine Kosten haben. Und selbst wenn Richter Angeklagte freisprechen, wurden manche schon nach ihrer Freilassung von wütenden Anhängern radikaler islamischer Gruppen umgebracht.

Die Polizisten untersuchten Asias Fall gar nicht genauer, sondern brachten ihn gleich zur Anklage. Wachen führten sie zu einem Polizeitransporter, ketteten sie fest und brachten sie in eine Zelle. Erst einen Monat später sah Asia ihren Mann und ihre fünf Kinder wieder. Eine Viertelstunde lang durften sie sich unterhalten. Wie musste es für ihre siebzehnjährige Tochter Esham sein, ihre eigene Mutter im Gefängnis zu sehen? Asia erfuhr, dass ihre Familie ihr Heimatdorf, in dem ihre Vorfahren seit Generationen gelebt hatten, verlassen musste, um sich vor wütenden Islamisten zu verstecken.

Anderthalb Jahre blieb sie im Gefängnis, bevor die Verhandlung begann. Nach nur fünf Minuten Beratung sprachen die Richter das Urteil:

Todesstrafe durch Erhängen plus eine Geldbuße. Damit hatte man sie als erste Frau überhaupt in Pakistan wegen der Beleidigung des Propheten zum Tod verurteilt.

Asia musste in einem Hochsicherheitsgefängnis bleiben, in dem die Toiletten verstopft waren und ein übler Gestank herrschte. In einem Brief, den sie ihrem Anwalt diktierte, bat sie ihre Kinder, ihren »Glauben an Jesus Christus nicht zu verlieren«, und versprach, wenn es so weit sei, werde sie »mit erhobenem Haupt« zur Hinrichtung gehen, denn Jesus sei bei ihr.

Wenige Tage später bekam Asia hochrangigen Besuch: Gouverneur Salman Taseer kam mit seiner Frau und einer seiner Töchter ins Gefängnis und zeigte damit seine Unterstützung. Taseers islamistische Gegner nahmen ihm das allerdings übel. Ein Leibwächter, der sich extra zu diesem Zweck bei ihm beworben hatte, erschoss ihn nur sechs Wochen später, als er aus dem Auto stieg. Zwei Monate darauf wurde ein weiterer Politiker, der sich für Asia eingesetzt hatte, von einer Terrorgruppe getötet.

Auch Asia war in Gefahr. Ein islamistischer Geistlicher hatte ein hohes Kopfgeld auf sie ausgesetzt. Aus Sicherheitsgründen wurde sie in eine andere Einzelzelle verlegt. Sie war abgemagert, wurde immer wieder krank und betete, dass Gott ihr Kraft zum Durchhalten gäbe. Irgendwo hatte sie gehört, dass Jesus »Immanuel« genannt wird, was so viel bedeutet wie: »Gott ist mit uns«. Das tröstete sie und immer wieder bat sie ihn, ihr durch alle Krankheiten, Verzweiflung und Einsamkeit, die sie erlebte, hindurch zu helfen. Ihr Mann durfte sie regelmäßig besuchen und erzählte eines Tages, dass Papst Benedikt XVI. öffentlich um ihre Freilassung gebeten hatte. Daraufhin demonstrierten wiederum Tausende Islamisten und forderten Asias Tod. Ihr Fall war mittlerweile weltweit bekannt und eine große Sache in Pakistan. Ein mutiger Anwalt übernahm ihn und legte Berufung ein.

Doch erst nachdem sie vier weitere lange Jahre im Gefängnis gesessen hatte, wurde der Einspruch verhandelt – und das Todesurteil bestätigt. Asias Mann gelang es jedoch, einen Brief von ihr zu veröffentlichen, der in vielen internationalen Zeitungen abgedruckt wurde. Tausende Leser aus aller Welt schrieben daraufhin Protest-E-Mails an die pakistanische Regierung. Mehr als eine halbe Million Briten unterzeichneten eine Online-Petition. Der Pariser Stadtrat bot an, sie und ihre Familie aufzunehmen.

Rechtlich blieb noch ein allerletztes Mittel: die Berufung beim Obersten Gerichtshof in Pakistan. Wieder vergingen vier Jahre, bis Asias Fall noch einmal aufgerollt wurde. Als das Urteil endlich gesprochen wurde, enthielt es auch überraschende islamische Begründungen, etwa dass Mohammed einmal erklärt habe, dass Christen die Verbündeten des Islam seien. Deshalb verkündete der Richter das erlösende Urteil: Freispruch. Darauf folgten gewalttätige Massenproteste im Land, schließlich sogar noch eine Überprüfung des Freispruchs, dann endlich – auf den Tag genau achteinhalb Jahre nach ihrer Verhaftung – durfte Asia ausreisen. Mit ihrer Familie zog sie an einen geheimen Ort in Kanada, nahm eine neue Identität an und erklärte später dankbar in einem Video: »In Jesus habe ich die Freiheit erhalten und ich habe nicht zugelassen, dass mein Glaube schwach wurde.«

GEORG MÜLLER

1805–1898

GEORG BEKAM VON SEINEM VATER großzügig Taschengeld, klaute als Zehnjähriger aber trotzdem Geld, das sein Vater als Steuereinnehmer verwalten musste. Als Vierzehnjähriger kehrte Georg so oft in Kneipen ein, dass er pleite war. In dieser Zeit starb Georgs Mutter und zwei Jahre später wurde sein Vater beruflich versetzt, sodass Georg eine Weile allein zu Hause lebte. Sein Vater bat ihn, die Steuergelder für ihn einzusammeln und auch daran bediente Georg sich freigiebig. Zum Spaß übernachtete er mehrere Wochen in teuren Hotels, so lange, bis er wegen Schulden wochenlang ins Gefängnis musste. Sein Vater bestrafte ihn und Georg strengte sich mehr in der Schule an, aber heimlich log, betrog und trank er weiterhin. Doch so richtig gefiel ihm sein zügelloser Lebensstil nicht. Mehrmals versuchte er sich zu bessern, was jedes Mal im Sande verlief.

Damals trafen Eltern noch viele Entscheidungen für ihre Kinder und sein Vater wollte, dass Georg Theologie studierte. Nicht weil er besonders gläubig war, das waren Geistliche damals nicht unbedingt, sondern weil Pfarrer oft ein geruhsames Leben führten und gut verdienten. Also begann Georg in Halle Theologie zu studieren. Er lebte so verschwenderisch wie zuvor, wurde aber auch jetzt nicht recht glücklich. Bei einem Kneipenabend traf er seinen früheren Schulkameraden Beta wieder. Ihn hatte Georg als zuverlässigen Christen in Erinnerung und so hoffte er, ein Freund wie Beta würde ihm helfen, sich zu bessern. Doch Beta hoffte umgekehrt, in seiner Studienzeit endlich richtig einen draufzumachen und so zogen sie schließlich gemeinsam um die Häuser. Sie verpfändeten sogar ihre Bücher und anderen Besitz, fälschten Briefe, um an Pässe zu gelangen, und ließen es bei einer Reise in die Schweiz sechs Wochen lang richtig krachen. Am Ende hatte Georg ein schlechtes Gewissen, wollte sich ändern, wusste aber immer noch nicht wie.

Wenige Monate später erzählte Beta, dass er samstagabends nun eine Bibelgruppe besuchte. Georg wurde hellhörig. Das konnte ihm helfen, sich zu bessern! Aber Beta war zurückhaltend. Er hatte sich nach der frivolen Schweizreise Gott wieder zugewandt. Aber wie würde Georg, der noch nie persönlich etwas mit dem Glauben zu tun gehabt hatte und schon immer ein Partyheld gewesen war, in eine Gruppe passen, in der sie in der Bibel lasen, sangen, beteten und über eine Predigt sprachen?

Doch Georg ließ sich nicht abwimmeln und kam mit. Schon als einer der Leiter zu Beginn auf Knien betete, war er beeindruckt – und an diesem Abend irgendwie glücklich. Obwohl er an der Uni von gelehrten Professoren umgeben war, obwohl er mehrere Sprachen gelernt und Hunderte Bücher gelesen hatte, begann die Wende in Georgs Leben in dieser schlichten

Bibelgruppe. In den nächsten Tagen besuchte er immer wieder den Christen, bei dem sie sich getroffen hatten. Außerdem begann er allein in der Bibel zu lesen, ging zu Gottesdiensten und – auch wenn sich sein Lebensstil nicht von einem auf den anderen Tag völlig änderte – begeisterte ihn Jesus doch immer mehr. Georgs Lügen, Pöbeleien und Besäufnisse wurden seltener. In ihm wuchs sogar der Wunsch, Missionar zu werden. Doch sein Vater war strikt dagegen. Schließlich hatte er ihn nicht zu knapp finanziert. Georg beschloss daraufhin, kein Geld mehr von seinem Vater anzunehmen, und fand gut bezahlte Jobs.

Nachdem er sein Studium abgeschlossen hatte, ging Georg erst nach London und begann dann im Südwesten Englands als Pastor zu arbeiten. Hier lernte er nicht nur seinen besten Freund Henry Craik kennen, sondern auch Mary, seine spätere Ehefrau, deren hohe Bildung und tiefen Glauben er sehr schätzte. Es wurde ihm immer wichtiger, in allem nach Gottes Willen zu fragen. Und dafür müsse man »biblische Mittel« anwenden, schrieb er: »Wir sollten immer wieder im Gebet zum Herrn gehen und ihn bitten, dass er uns mittels seines Heiligen Geistes durch sein Wort lehrt.«

Deshalb las Georg immer mehr in der Bibel und betete vor Entscheidungen so lange, bis er inneren Frieden spürte. Und noch eine Überzeugung empfand er immer stärker: dass es für einen Nachfolger von Jesus nicht darum gehen sollte, reich und angesehen zu sein. Schließlich war Jesus selbst arm gewesen. Auch deshalb kamen ihm Zweifel, ob es richtig war, dass seine Gemeinde ihm ein Gehalt zahlte. Ihm gefiel ebenso wenig, dass dieses Geld zusammenkam, weil manche Gemeindemitglieder sich gegen Bezahlung besonders gute Plätze für den Gottesdienst sicherten. In der Bibel steht schließlich, dass in der Gemeinde alle gleich sein sollen. Genauso steht dort, dass Gott fröhliche Geber liebt, aber da das Geld zu festen Terminen eingesammelt wurde, konnte Georg nicht sicher sein, dass die Leute in diesem Moment wirklich fröhlich spendeten. Also beschloss er, auf sein Gehalt zu verzichten und stattdessen in der Kirche einen Kasten aufzustellen, in den jeder anonym Geld, Lebensmittel oder eine andere Unterstützung für ihn legen konnte. Seine Tagebücher, in denen er offen über diesen Umgang mit Geld erzählte, wurden schon zu seinen Lebzeiten gedruckt, sodass viele von seinem Bedarf und seiner Arbeit wussten.

»Wenn wir zuweilen auch nur noch einen Penny übrig hatten und das letzte Brot auf dem Tisch lag – gehungert haben wir nie«, schrieb er später in sein Tagebuch und fügte an: »Wenn ich wieder zu wählen hätte, so würde ich mit Gottes Beistand keine andere Lebensweise wählen.« Oft lagen er und Mary in den darauffolgenden Jahren vor Gott auf den Knien und beteten, wenn sie kein Geld mehr hatten. Und genauso oft erlebten sie, wie Menschen etwas in den Kasten legten, mit Geld oder Lebensmitteln plötzlich vor ihrer Tür standen oder sogar von weither Geld schickten. Der Mann, der als Jugendlicher sein Geld überschwänglich verjubelt hatte, lebte nun sparsam und ärmlich.

Zusammen mit seinem Freund Henry, der ebenfalls Prediger war, zog er zwei Jahre später nach Bristol, um dort für den Glauben zu werben. Im ersten Jahr stießen über hundert Menschen zu den beiden Gemeinden hinzu, mit denen sie zusammenarbeiteten. Georg und Henry gründeten eine Organisation, um christliche Schulen zu starten, Bibeln zu verkaufen und Missionare zu unterstützen. Gut ein Jahr später leiteten sie schon fünf Schulen für über vierhundert Kinder; außerdem verteilten sie Essen an Menschen in Armut.

Georg sah auch die viele Waisenkinder in der Stadt, die oft in Gefängnissen untergebracht wurden, weil es kaum Waisenhäuser gab. Wenn er ein solches Haus gründete und dafür genügend Spenden zusammenkämen, überlegte er, wäre nicht nur den Kindern geholfen, sondern es wäre auch ein großer Beweis, dass es Gott gab und dass er versorgte. Denn Georg hatte viele Christen kennengelernt, die ängstlich um ihr Einkommen bangten, und ihm schien, dass ihnen das Vertrauen in Gott fehlte. Innerhalb weniger Tage, in denen er über diese Frage betete, bekam er eine hohe Summe an Spenden und legte los. Ein halbes Jahr später war das erste Haus gemietet und rund dreißig Waisenkinder zogen ein. Georg baute diese Arbeit immer weiter aus: Dreißig Jahre später lebten über tausend Kinder in seinen Waisenhäusern, für die er große Gebäude hatte bauen lassen. Schließlich übergab er die Verantwortung dafür an seinen Nachfolger und begann, an vielen Orten in England und im Ausland zu predigen. Er und seine Frau segelten nach Kanada und in die USA, später sogar nach Indien.

Mit zweiundneunzig Jahren starb Georg Müller friedlich in seinem Zimmer in einem der Waisenhäuser, die er mit viel Gebet und Gottvertrauen aufgebaut hatte. Fast eine Million Pfund (die heute etlichen Millionen Euro entsprächen) hat er in seinem Leben an Spenden bekommen, ohne jemanden je ausdrücklich darum gebeten zu haben. Selbst die englische Tageszeitung »Liverpool Mercury« schrieb damals: »Wie konnte dieses Wunder wahr werden? Mr Müller hat der Welt erzählt, dass Gebet der Grund war. Unser rationelles Denken spottet über eine solche Aussage. Aber die Fakten bleiben und sie warten auf eine Erklärung, denn es wäre nicht wissenschaftlich, geschichtliche Ereignisse kleinzureden.«

MUTTER TERESA

(Agnes Gonxha Bojaxhiu)

1910–1997

AGNES' TRAUMBERUF UNTERSCHIED SICH von dem anderer Kinder: Sie wollte schon früh Nonne werden. Es passt zu ihrer Ausdauer, dass sie diesen Traum auch verwirklichte und mit achtzehn Jahren in ein Kloster eintrat, wo sie den Ordensnamen Teresa annahm. Geboren war sie in Skopje im heutigen Mazedonien, als Nonne zog sie nach Indien. In Kalkutta arbeitete Teresa so begeistert als Lehrerin für Erdkunde und Geschichte, dass sie in ihrem Leben vielleicht nie etwas anderes getan hätte, wäre sie nicht so erschüttert gewesen von dem riesigen Slum hinter der gepflegten Schule. Zusammen mit einigen Schülerinnen brachte sie den Menschen dort Kleidung und Lebensmittel und hatte ständig ein schlechtes Gewissen, in ihr schönes Kloster zurückzukehren.

Teresa spürte im Lauf der Jahre immer stärker, dass sie noch mehr für die Armen tun musste. Bei einer nächtlichen Zugfahrt fasste sie schließlich den Entschluss, noch radikaler zu leben: »Ich musste das Kloster verlassen und den Armen helfen, indem ich unter ihnen lebte«, erzählte sie später. »Ich hörte den Ruf, alles aufzugeben und Christus in die Elendsviertel zu folgen, um ihm unter den Ärmsten der Armen zu dienen. Ich wusste, es war sein Wille, und ich musste ihm folgen.«

Ein paar Wochen lang belegte sie Kurse in Krankenpflege und zog anschließend zu einer siebenköpfigen Familie in den Slum. Erst tat sie das, was sie am liebsten tat: Sie unterrichtete die Kinder. Statt auf eine Tafel zu schreiben, kratzte sie Buchstaben in den Lehmboden. Sie war sich auch nicht zu schade, betteln zu gehen, um hungernde Familien zu versorgen. Außerdem pflegte sie Kranke im Slum. Die Not in Kalkutta war riesig. Es gab Tausende Elendsviertel in der Stadt und die Allerärmsten hausten auf Verkehrsinseln und in verdreckten Ladenpassagen. Teresa war überwältigt von dem Leid der Menschen. Sie hatte Heimweh nach ihrem Kloster, nach den anderen Schwestern und fühlte sich einsam. Doch einige Monate nach ihrem Umzug in den Slum schloss sich ihr eine ehemalige Schülerin der Klosterschule an und begann ebenfalls im Elendsviertel zu leben und zu arbeiten. Ein Jahr später waren es schon sechsundzwanzig Mädchen, die mit ihr zusammen gegen die Not kämpften. Ein wohlhabender Moslem, der nach Pakistan auswanderte, überließ ihnen ein Haus und Teresa gründete einen neuen Orden: die »Missionarinnen der Nächstenliebe«. Ihre Tracht war – und ist bis heute – der billige weiße Sari der Armen in Indien: ein weißes Wickelkleid mit blauer Borte.

Immer mehr Frauen kamen und lebten mit ihnen im Tagesrhythmus des Klosters: Um halb fünf standen sie auf und schlüpften in einen der drei Saris, die jede von ihnen besaß. Erst beteten sie allein, dann gemeinsam und anschließend erledigten sie die Hausarbeit. Nach dem Frühstück arbeiteten die Schwestern den Tag über immer zu zweit in Krankenhäusern, Schulen und auf den Straßen. Dass sie auch nachmittags und abends noch einmal zum Gebet zusammenkamen, war Teresa wichtig: »Anders wäre es nicht möglich zu arbeiten. Man muss ein geistliches Motiv haben«, empfand sie. Ihr Antrieb war ihr Glaube. Als ein Journalist sie einmal begleitete und sah, wie sie eine stinkende Wunde verband, sagte er kopfschüttelnd, das würde er nicht für eine Million Dollar tun. »Ich auch nicht!«, erwiderte sie ihm lachend. Für Geld tat sie das alles nicht – auf Lohn verzichten alle ausdrücklich, die sich ihrem Orden anschließen.

Teresa sah in den Ärmsten Jesus selbst. Wenn sie eitrige, stinkende Wunden verband, dann war es für sie, als würde sie Jesus selbst die Wunde verbinden. Wenn sie dreckige, entstellte Kinder liebkoste, nahm sie es als eine Begegnung mit ihm. Denn in der Bibel wird erzählt, dass Jesus am Ende der Zeiten sagen wird: »Ich war hungrig, und ihr habt mir zu essen gegeben. Ich war durstig, und ihr gabt mir zu trinken. Ich war ein Fremder, und ihr habt mich in euer Haus eingeladen. Ich war nackt, und ihr habt mich gekleidet. Ich war krank, und ihr habt mich gepflegt. Ich war im Gefängnis, und ihr habt mich besucht.« Die Menschen werden das nicht verstehen und nachfragen, wann sie Jesus hungrig, nackt oder krank gesehen haben. Dann wird Jesus antworten: »Was ihr für einen der Geringsten meiner Brüder und Schwestern getan habt, das habt ihr für mich getan!« (nach Matthäus 25,31-40).

Obwohl ihr Glaube der tiefe Grund für ihren Einsatz war, erlebte sie all die Jahre hindurch auch große Zweifel. »Der Platz Gottes in meiner Seele ist leer«, notierte sie einmal und bat bei einer anderen Gelegenheit einen Bischof, für sie zu beten, »denn in meinem Innern ist es eiskalt.« So andauernd war dieses Gefühl, »im Tunnel zu sein«, dass sie beschloss, dann eben »die Dunkelheit zu lieben«. Trotz ihrer Zweifel diente sie unermüdlich weiter und erzählte dabei immer auch von Gott.

Die Arbeit wuchs. Teresa und die anderen Schwestern setzten sich so fleißig und mittlerweile in vielen indischen Städten für die Armen ein, dass sogar der indische Präsident Nehru kam, um höchstpersönlich ein Kinderhaus zu eröffnen, das sie in der Hauptstadt Neu-Delhi gegründet hatten. Auch die Medien wurden auf sie und ihre Arbeit aufmerksam. Erst wurde in Indien, später auch weltweit über sie berichtet, vor allem über die Sterbehäuser, die sie eröffnete.

Anlass dafür war ein sterbender Mann gewesen, den Teresa aufgelesen hatte, um ihn ins Krankenhaus zu bringen. Doch der Mann wurde abgewiesen, sodass er auf der Straße starb, während Teresa Medizin für ihn holte. Sie war entrüstet, wie lieblos mit Sterbenden umgegangen wurde, und beschwerte sich bei der Polizei. Doch sie wäre nicht das beharrliche Energiebündel, als das sie bekannt wurde, hätte sie nicht auch selbst angefangen, etwas zu tun. Ausgerechnet die Menschen im Elendsviertel begannen, Geld für ein Sterbehaus zusammenzulegen. Zwei Betten standen anfangs nur darin, doch das kleine Hospiz musste wieder geschlossen werden, weil Anwohner sich über den Gestank beschwerten. Teresa fragte daraufhin in Kliniken und Ämtern nach Räumen. Monate später wies ein Beamte sie auf eine leer stehende hinduistische Herberge hin. 24 Stunden später hatten die Schwestern das heruntergekommene Gebäude hergerichtet und sterbende Menschen konnten ihre letzten Tage dort verleben und in Frieden sterben.

Die Hindu-Priester allerdings waren wenig begeistert von der staatlich bezuschussten neuen Nutzung ihres Gebäudes. Sie überredeten die Polizei, die Ausweisung anzuordnen. Als der zuständige Kommissar jedoch sah, wie Teresa die offenen und von Maden befallenen Wunden eines Mannes reinigte, änderte er seine Meinung und befand ihre Arbeit für wertvoll. Und auch die Priester wertschätzten zunehmend die aufopferungsvolle Pflege der Schwestern und versorgten sie mit Lebensmitteln.

Selbst der Papst stattete Teresas Arbeit einen Besuch ab – nicht ohne ein Gastgeschenk mitzubringen: Ein amerikanischer Katholik hatte ihm für seine Reise einen weißen Ford Lincoln geschickt, den der Papst nun an Teresa weiterreichte. Der Luxusschlitten wurde bei einer Tombola für hunderttausend US-Dollar verkauft. Damit ließ Teresa ein Rehabilitationszentrum für Lepra-Kranke bauen, die in Indien aus Angst vor Ansteckung häufig eingesperrt oder in entfernten Gegenden ausgesetzt wurden, wo sie in Höhlen leben mussten – und das obwohl die Krankheit mit recht geringen Mitteln heilbar ist.

1979 verlieh man ihr sogar den Friedensnobelpreis, den sie im Sari und gestrickter Wollweste entgegennahm. Das anschließende Festbankett ließ sie jedoch absagen und nutzte das Geld stattdessen für die Armen.

Mehr als fünftausend Schwestern und vierhundert Brüder arbeiten heute in Teresas Orden. Sie betreiben Kinderhäuser, Hospize und Heime für Obdachlose, Lepra- und Aidskranke auf der ganzen Welt; Helfende sind hier jederzeit willkommen. Wenn Teresa in Deutschland war, fragte sie jedoch immer auch: »Kennt ihr die Armen in eurer Stadt?« Sie war überzeugt, dass es überall Menschen gibt, die Hilfe brauchen. Mit siebenundachtzig Jahren starb Teresa und wurde in Kalkutta beerdigt.

FLOYD McCLUNG

1945–2021

FLOYD HATTE IN KALIFORNIEN STUDIERT, seine Freundin Sally geheiratet und zog gemeinsam mit einem Missionsteam los, um Menschen in anderen Ländern von dem Jesus zu erzählen, der ihn selbst begeisterte. An einem Sommertag saß er zusammen mit Sally auf einer Bank in der indischen Hauptstadt Neu-Delhi. Ein Jugendlicher kam auf sie zu und streckte ihnen die geöffnete Hand entgegen. ›Ein Bettler, wie es so viele in Indien gibt‹, dachte Floyd. Womit er nicht gerechnet hatte: Der Junge war Amerikaner. Er war nicht im Slum aufgewachsen, sondern wie viele andere Jugendliche in den 1970er-Jahren aus Europa und den USA losgezogen, um Frieden oder Erleuchtung zu finden. Die Hippie-Bewegung war gerade in vollem Gange. Die Aussteiger beschäftigten sich mit östlichen Religionen, waren fasziniert von den fremden Ritualen im Hinduismus und Buddhismus und suchten einen Lebenssinn, den sie zu Hause nicht fanden.

Doch die Freiheit hatte ihre Schattenseiten: Viele gerieten in einen Strudel aus Drogenrausch, Überdosis oder Sucht; hinzu kamen Krankheiten und Diebstähle. Etliche waren zunehmend enttäuscht und deprimiert. Für Floyd war die Begegnung mit dem bettelnden amerikanischen Jungen ein Aha-Moment. Floyd war selbst erst fünfundzwanzig, ungefähr so alt also wie die Sinnsuchenden, die sie trafen. Und er hatte das merkwürdige Gefühl, eine Stimme würde ihn fragen: »Floyd, kümmern dich diese Menschen so sehr, dass du dich für sie einsetzt?«

Schon lange hatte er sich gewünscht, dass Gott in sein Leben eingriff. War das sein Reden? Ihr Team reiste von Indien nach Afrika und auch hier trafen sie auf Hippies, die ihnen von Freunden erzählten, die unterwegs krank oder depressiv geworden waren oder sogar wegen Drogenhandels im Gefängnis saßen. Floyd ließ das Gefühl nicht los, dass Gott wollte, dass er sich um sie kümmerte. Er besuchte einen väterlichen Freund, um ihm von seinen Gedanken zu erzählen. Dessen Rat lautete: »Tue nichts, bis du eine klare Führung von Gott erhältst.« War dieser Gedanke zu naiv? Gab Gott wirklich Wegweisung bei wichtigen Entscheidungen, wenn man ihn danach fragte?

Andererseits wollte Floyd sich sicher sein, dass Gott hinter diesen Plänen stand. Sally und er beteten und dachten nach. Mal überwogen die Zweifel und Bedenken, mal waren sie zuversichtlich, ein Projekt in Asien unter Hippies starten zu können. Zwei große Fragen beschäftigen ihn vor allem: Woher sollte das Geld kommen? Und würden seine Fähigkeiten reichen, um Aussteigern, Heroinabhängigen und hartgesottenen Drogenschmugglern zu helfen? Er war der Sohn eines Pastors: Er hatte noch nie einen Joint geraucht, trug keine Hippie-Kleidung und hatte nie für radikale Ideen geschwärmt. Er spielte erfolgreich Basketball und wollte schon als Teenager Missionar werden. Würden diese Menschen ihn überhaupt akzeptieren?

Am Ende wagten sie es und brachen als Neuner-Team in einem riesigen voll bepackten Landrover auf. Sie fuhren von der Schweiz aus über Istanbul nach Kabul. Durch diese Stadt in Afghanistan mussten alle reisen, die nach Pakistan, Indien oder Nepal wollten. Viele Aussteiger waren außerdem hier gestrandet, weil sie krank, pleite oder kräftemäßig am Ende waren. Es wimmelte von Drogenhändlern und von Betrügern, die Geld und Pässe stahlen. Das einzige Krankenhaus war überfüllt.

In dem muslimischen Land gab es nur eine einzige christliche Gemeinde, die sich lediglich unter Diplomaten, Geschäftsleuten und anderen Ausländern aus dem Westen engagieren durfte. Als Floyds Team den Pastor dieser Gemeinde kennenlernte, bat dieser sie, in Kabul zu bleiben, und nach einigem Nachdenken und Beten entschieden sie sich, hier ein Haus für die Aussteiger zu gründen. Sie fanden eine verwahrloste Jugendherberge, in der sie zwei Etagen mieteten, und begannen, Hippies, die sie tagsüber kennenlernten, abends zum Chai einzuladen, dem Tee, wie er in Asien überall getrunken wird. Floyd war überzeugt, dass die Sinnsuchenden nur bei Jesus wirklich finden würden, wonach sie sich sehnten. Abends unterhielt sein Team sich stundenlang mit ihnen über politische und philosophische Fragen und den Glauben. Wer an Jesus interessiert war, konnte auch länger in einem der Zimmer wohnen, um sie im Alltag zu erleben und entscheiden zu können, ob der Glaube sie überzeugte. Außerdem gründeten Floyd und die anderen eine Klinik, in der ein Arzt und eine Krankenschwester medizinische Hilfe leisteten.

In den ersten Monaten hätten Floyd und die anderen häufig gern ihre Sachen gepackt. Sie wurden ausgelacht, ihre Gastfreundschaft wurde ausgenutzt, eine Frau begann heimlich, mit den Besuchern magische Praktiken einzuüben; andere kamen zu den Treffen, um dort Drogen zu verkaufen. Aber nach und nach begannen auch Leute, sich für Jesus zu begeistern. Als immer mehr bei ihnen mitwohnen wollten, mieteten sie ein weiteres Haus in Kabul. Außerdem stießen sie ähnliche Projekte in Nepal, England und Indien an.

Immer wieder kamen Christen nach Kabul, die für einige Zeit bei ihnen mithalfen. Für sie musste es einen Ort zur Vorbereitung geben, fand Floyd. Auch brauchten die Hippies, die angefangen hatten, mit Jesus zu leben, einen Ort, der sie nach ihrer Rückkehr in den Westen aufnahm. Und so begann das nächste Abenteuer: in Amsterdam. Hier blühte in Europa die Hippie-Kultur, viele starteten von hier aus nach Osten. Zusammen mit drei weiteren Team-Mitgliedern aus Kabul zogen Sally, Floyd und ihre kleine Tochter nach Amsterdam auf eins von zwei Hausbooten, die sie von einem anderen Projekt übernehmen konnten. Ihre Arbeit sah ähnlich aus wie in Kabul: Vormittags trafen sie sich zu Gebet und Bibellesen, nachmittags gingen sie in die Stadt, um Leute kennenzulernen und einzuladen. Manchmal kamen fünfzig Leute zum Abendessen, manchmal drängten sich hundert Leute zum Kaffee auf den Booten. Wieder begegnete ihnen beides: Menschen, die nur ihre Drogen verkaufen wollten oder sie sogar bedrohten, und Menschen, die ihr Leben von Grund auf von Gott verändern ließen. Sie erlebten, wie Spenden für weitere Häuser in Amsterdam zusammenkamen, gründeten ein Rehabilitationszentrum auf dem Land und zogen als Familie in eine finstere Ecke der Stadt, um dort als »Licht« zu wirken.

Später siedelten Sally und Floyd mit ihren beiden Kindern in die USA um, wo Floyd Pastor einer Gemeinde wurde und eine Missionsorganisation gründete. Nachdem sie in den USA, in Asien und Europa gelebt hatten, zogen die beiden schließlich nach Afrika. Im südafrikanischen

Kapstadt begannen sie eine Schule für Gemeindegründer. Eines Nachts wachte Floyd mit heftigen Schmerzen im Oberschenkel auf. Am nächsten Morgen sollte er unterrichten und nahm Schmerzmittel. Doch schon nach wenigen Minuten im Klassenraum wurden die Schmerzen so groß, dass er Sally bat, ihn zum Arzt zu fahren. Seine letzten Worte an die Studierenden waren: »Viele haben noch nie von Jesus gehört. Wenn ich nicht weitermachen kann, werdet ihr den Lauf zu Ende führen?« Da konnte er noch nicht ahnen, dass er wenig später auf der Intensivstation liegen würde. Eine bakterielle Infektion hatte ihn lahmgelegt und durch Komplikationen fiel er für fünf Jahre in ein Wachkoma. Floyd antwortete nur noch mit Lächeln und unkontrollierten Bewegungen, wenn ihn jemand ansprach oder im Fernsehen Kricket anschaltete. Er konnte weder gezielt reagieren noch sprechen. Der »gentle Giant«, wie manche ihn nannten, der »freundliche Riese«, der so viel in Bewegung gesetzt hatte, war nun still und starb schließlich im Frühjahr 2021 in Kapstadt.

Manchmal haben große Abenteuer mit Gott kein Happy End und wir bleiben erschrocken und ratlos zurück. »Als diese unerwartete Reise begann, merkte ich, wie unvorbereitet ich war«, schrieb Sally später. »Alles stand kopf. Zum Glück dringt Gott zu uns durch und hilft uns, wenn wir schwere Zeiten erleben. Er ist uns näher als die Luft, die wir atmen.« Und in aller Trauer und schweren Tagen sah Sally auch etwas, für das sie dankbar war: »Durch Floyds Krankheit hat eine unglaubliche Welle des Gebets begonnen und hält an. Ich bin sicher, dass durch sie etwas passiert, das wir nicht sehen oder verstehen können.«

CORRIE TEN BOOM

1892–1983

ES WAR IMMER EINE MENGE LOS in Corries Zuhause in Haarlem in den Niederlanden. In ihrer Kindheit – noch vor dem Ersten Weltkrieg – wohnten neun Leute in dem nicht besonders großen Eckhaus in der Barteljorisstraat. Unten hatte Corries Vater seinen Uhrmacherladen. Viele Kunden kamen damals nicht nur, um ihre Uhren reparieren zu lassen, sondern auch um sich von ihm weisen Rat und Gebet zu holen. Oben im Haus lagen die Zimmer von Corrie, ihren beiden Schwestern Betsie und Nollie und ihrem Bruder Willem. Drei von Corries Tanten wohnten ebenfalls im Haus. Außerdem hatte die Familie gern Gäste. Corries Familie muss sehr fröhlich, liebevoll und hilfsbereit gewesen sein. Ihre Mutter strickte Babykleidung für ärmere Familien und brachte ihnen Essen.

Als Corries Mutter eines Tages erfuhr, dass in einer dieser Familien ein Baby gestorben war, backte sie ein Brot und machte sich mit Corrie und Betsie auf den Weg, um es vorbeizubringen und ihr Beileid auszusprechen. Corrie war geschockt, das tote Baby in der Wiege liegen zu sehen.

Zum ersten Mal wurde ihr klar, wie endgültig der Tod ist und dass alle Menschen, die sie liebte, einmal sterben würden. Abends lag sie mit ihrer Schwester Nollie in ihrem Zimmer, als ihr Vater zum Vorlesen hereinkam.

»Du darfst nicht sterben!«, schluchzte Corrie.

Ihr kluger Vater stellte ihr daraufhin eine Frage: »Wenn wir gemeinsam mit dem Zug nach Amsterdam fahren, wann gebe ich dir die Fahrkarte?«

Corrie überlegte kurz und antwortete: »Kurz bevor wir in den Zug steigen.«

Ihr Vater nickte und sagte: »Das stimmt. Und unser weiser Vater im Himmel weiß auch, wann wir etwas brauchen. Wenn der Tag kommt, an dem einer von uns sterben muss, wirst du zur richtigen Zeit die Kraft finden, die du brauchst.« Dass Corrie in ihrem Leben noch ganz besonders viel Kraft und Mut brauchen würde, konnte sie da natürlich noch nicht ahnen.

Als sie älter wurden, zogen ihre Schwester Nollie und ihr Bruder Willem aus und gründeten eigene Familien. Schließlich starben ihre Tanten und ihre Mutter und Corrie blieb mit ihrer Schwester Betsie und ihrem Vater in dem Haus in der Barteljorisstraat zurück. Corrie half immer mehr im Uhrmacherladen und wurde schließlich die erste amtlich zugelassene Uhrmacherin in den Niederlanden.

Im Zweiten Weltkrieg besetzte die deutsche Armee das Land. Überall sah man nun deutsche Soldaten, Lastwagen und Panzer. Nahrungsmittel konnte man nicht mehr kaufen, sondern nur noch gegen Lebensmittelkarten eintauschen, die man zugeteilt bekam. Und noch eine Veränderung geschah: Alle Juden mussten sich gelbe Sterne an die Kleidung heften. Corries Familie beobachtete, wie immer mehr Juden auf Lastwagen abtransportiert wurden. Ihr Vater, Betsie und Corrie fragten sich, wie sie ihnen helfen konnten. Willem war inzwischen Pfarrer und hatte schon einige Juden bei Familien auf dem Land in Sicherheit gebracht. Als Corrie sah, wie deutsche Soldaten den Laden eines jüdischen Pelzhändlers gegenüber plünderten, holte sie den Mann zu sich und organisierte, dass er und seine Frau über Willem in Sicherheit kamen. Corrie erfuhr, dass es eine organisierte Untergrundbewegung gab: Etliche Menschen hatten sich heimlich zusammengetan, um Juden zu helfen.

Als Corrie eines Tages einer jüdischen Familie eine reparierte Uhr nach Hause brachte, wurde ihr bewusst, in welch großer Gefahr diese Familie und alle Juden schwebten. In diesem Augenblick betete sie: »Jesus, ich biete dir mein Leben zur Hilfe für die Juden.« Es war ein kleines Gebet und Gott beantwortete es ungewöhnlich: Er ließ Corrie wie in einem Wachtraum sehen, wie sie und ihre Familie aus Haarlem weggebracht wurden. Es gab keinen Zweifel daran, wie gefährlich die Sache war. Aber es war Corrie auch völlig klar, dass sie helfen musste.

Nach und nach lernte sie, wie die Untergrundbewegung organisiert war. Jemand, der im zuständigen Amt arbeitete, beschaffte viele Lebensmittelkarten. Damit konnten sie die Juden versorgen, die Corries Familie nun in ihrem Haus versteckte. Weil das so gefährlich war, kamen eines Tages Handwerker und mauerten eine zusätzliche Wand in Corries Zimmer. Sie tapezierten sie und fügten eine unauffällige niedrige Öffnung ein, damit man nicht sah, dass sich hier noch ein Zimmer befand. Unten im Haus wurde ein Summer installiert. Wenn Gefahr drohte, wurde er gedrückt und die Juden verschwanden bei diesem Geräusch blitzschnell in diesem winzigen geheimen Raum. Dabei mussten sie alles mitnehmen, selbst ihre Teller, wenn sie gerade beim Essen waren. Nichts durfte darauf hindeuten, dass hier mehr Leute wohnten als die drei ten Booms.

Das gelang. Doch eines Tages wurden Corrie und ihre Familie verraten. Ihre sechs heimlichen Mitbewohner versteckten sich hastig und blieben trotz gründlicher Hausdurchsuchung unentdeckt. Über 47 Stunden lang harrten sie in der Enge aus, bis zwei Polizisten, die auch für die Untergrundbewegung arbeiteten, zur Wache eingeteilt wurden und die vier Männer und zwei Frauen retten konnten.

Für diejenigen, die bei der Razzia gefasst wurden, darunter Corrie, Betsie und ihr Vater, begann hingegen eine schlimme Tortur. Mit einem Stadtbus wurden sie weggebracht – und Corrie erinnerte sich an den Wachtraum, in dem Gott ihr diesen Abschied schon gezeigt hatte. Unzählige Male wurden sie verhört und kamen schließlich ins Gefängnis. Weil Corrie krank war, verlegte man sie in Einzelhaft. In dieser monatelangen Einsamkeit und Langeweile fand sie schließlich Trost in einer Bibel, die Nollie ihr schickte. Kurz darauf erfuhr sie, dass ihr Vater schon zehn Tage nach der Verhaftung gestorben war.

Nach vier Monaten wurde Corrie in ein Konzentrationslager verlegt. Wie durch ein Wunder traf sie dabei unter den Hunderten Frauen Betsie wieder und bestieg mit ihr den überfüllten Zug.

Jeden Morgen um halb fünf mussten sie nun stundenlang in der Kälte strammstehen. Sie hörten die Schreie von Menschen, die gefoltert wurden. Tagsüber mussten alle Gefangenen elf Stunden lang Zwangsarbeit verrichten: Mal entluden sie schwere Eisenplatten, mal schaufelten sie Erde. Wer Socken stricken durfte, war noch gut dran. Corrie und Betsie wurden einer Baracke zugeteilt, in der sie dicht gedrängt auf dreistöckigen Plattformen schlafen sollten. Es wimmelte vor Flöhen.

»Wie können wir in einer solchen Höhle leben?«, fragte Corrie. Betsie betete und sagte dann: »Gott hat uns die Antwort gegeben!« Sie verwies auf den Bibeltext, den sie morgens gelesen hatten: »Seid dankbar in allen Dingen!« (1. Thessalonicher 5,18). Sie war überzeugt, dass sie für die Flöhe danken sollten. Erst viel später verstanden sie, dass die Flöhe tatsächlich ein Segen waren: Ihretwegen vermieden es die Wärterinnen, die Baracke zu betreten. Daher konnten Betsie und Corrie abends nach der harten Arbeit mit immer mehr Frauen in der Bibel lesen, Gottesdienste feiern und den Frauen von Jesus und seiner Liebe erzählen. Darauf standen schwere Strafen, aber wegen der Flöhe wurden sie nicht entdeckt.

Selbst mit den Wärterinnen hatte Betsie Mitleid. Sie war überzeugt: »Wenn man Menschen lehren kann zu hassen, muss man sie auch lehren können zu lieben. Wir müssen einen Weg dafür finden!« Während der Haft wurde sie immer schwächer. Eines Tages beschrieb sie ein Haus, das Gott ihr im Traum gezeigt hatte und in dem sie nach dem Krieg KZ-geschädigte Menschen aufnehmen sollten. Zwei Tage später starb sie. Kurz darauf wurde Corrie entlassen – wegen eines Irrtums. Ein weiteres Wunder.

Nach dem Krieg bekam Corrie ein Haus für KZ-Opfer angeboten. Es sah genauso aus, wie Betsie es nach ihrem Traum beschrieben hatte! Corrie bereiste außerdem die ganze Welt und erzählte in vielen Vorträgen von ihren Leiden im KZ. Sie beschrieb, wie Gott ihr darin geholfen hatte und warum sie denen vergeben konnte, die ihr diese Qualen zugefügt hatten. Sie starb an ihrem 91. Geburtstag.

Das Haus in der Barteljorisstraat, in dem so viel gelacht und geweint worden war, wurde fünf Jahre nach Corries Tod als Museum eröffnet.

JIM ELLIOT

1927–1956

SCHON ALS KIND liebte Jim es, wenn Missionare aus aller Welt bei ihnen zu Besuch waren und von fernen Ländern und fremden Völkern erzählten. Und wenn er mit seinen Freunden campte, wanderte oder Kanu fuhr, fühlte es sich oft ein bisschen so an, als wäre er selbst im Dschungel. Auch Gott begeisterte ihn schon von Kindheit an. Als Jugendlicher nahm er regelmäßig seine Bibel mit zur Schule und lebte engagiert seinen Glauben. War in der Highschool noch Architektur eins seiner wichtigsten Fächer, wählte er im College Griechisch als Hauptfach, weil er gern selbst Missionar werden und die Bibel in andere Sprachen übersetzen wollte. Um als Missionar im Ausland später fit zu sein, meldete Jim sich außerdem zum Wrestling-Team.

Mit zwanzig schnupperte er Missionsluft bei den Eltern eines Freundes, die in Mexiko als Missionare lebten. Im Jahr darauf besuchte er selbst eine Missionskonferenz und verließ sie mit dem Wunsch, nach Südamerika zu gehen. In einem Sommerseminar der Wycliffe-Bibelübersetzer lernte er

mehr darüber, wie man geschriebene Symbole für eine gesprochene Sprache findet – und vor allem lernte er einen Mann kennen, der mit den Quechua in Ecuador arbeitete. Dieser erzählte ihm von den Waorani, einem Volk, das ganz für sich im Dschungel lebte, ohne Kontakt zur Außenwelt. Da in dieser Kultur Rache eine große Rolle spielte, töteten Waorani immer wieder andere mit dem Speer und viele Waorani waren von Wut, Hass und großer Angst getrieben. Jim horchte auf. Wartete hier seine Aufgabe? Konnte er diesen Menschen erzählen, dass Jesus gekommen ist, um einen Ausweg zu schaffen aus Rache, Hass und Angst? Dass Gottes Liebe eine tiefe Vergebung und Frieden mit ihm und untereinander schafft?

Bisher hatte noch niemand Kontakt zu den Waorani, aber Jim hörte, dass die englische Familie Tidmarsh seit zwölf Jahren ganz in der Nähe unter den Quechuas arbeitete. Nun musste diese Familie nach England zurückkehren und suchte einen Nachfolger. Jim hatte den Eindruck, dass das sein Platz werden könnte, und bewarb sich. Als von mehreren unerwarteten Seiten das Geld für die Fahrt nach Ecuador zusammenkam, war für ihn klar, dass Gott seine Hände im Spiel haben musste.

Zusammen mit seinem Freund Pete Fleming bestieg er in Kalifornien ein Segelschiff und genoss die siebzehntägige Fahrt auf See. Von der Hafenstadt flogen sie in die Hauptstadt Quito hoch in den Anden Ecuadors. Hier polierten sie erst einmal fünf Monate lang ihre Spanischkenntnisse auf und lernten einige hilfreiche medizinische Grundkenntnisse über Tropenkrankheiten. Dann war es Zeit, die eigentliche Arbeit zu beginnen. In einem überfüllten Bus fuhren Jim und Pete durchs Gebirge, um Dr. Tidmarsh an einer Station von Flugzeugmissionaren zu treffen. Von hier wurden sie weiter nach Shandia im Quechua-Gebiet geflogen, wo die Familie Tidmarsh arbeitete.

Nun hieß es wieder eine neue Sprache lernen: Quechua, die Sprache der dortigen Bewohner. Das Leben war schlicht. Jim und Pete wohnten in einer Bambushütte auf Stelzen. Zu essen gab es Früchte, die im Dschungel wuchsen, und manchmal Fisch oder Fleisch, wenn die Quechua fischen oder jagen gegangen waren und ihnen etwas verkauften. Die Hitze und die Insekten machten ihnen zu schaffen, aber Jims Architekturkenntnisse waren hier gut zu gebrauchen: Mehrere Hütten mussten repariert werden, außerdem bauten sie eine neue Unterkunft für Freunde, die kommen wollten. Leider fiel die Regenzeit im folgenden Jahr heftig aus und die beiden Freunde mussten hautnah erleben, dass Missionsarbeit immer auch Rückschläge bedeutet: Die Hütten und damit ein ganzes Jahr Arbeit wurden in den reißenden Fluten fortgespült. Sie mussten mit den Bauarbeiten von vorn beginnen.

Schon im Studium hatte Jim Elizabeth kennengelernt. Sie hatten sich zwischendurch mehrfach gesehen und beschlossen zu heiraten. Als die Quechua Jim baten, im Dorf Puyupungu eine Schule aufzubauen, konnten sich beide vorstellen, das als gemeinsames Projekt anzugehen. Nate Saint, einer der Flugzeugmissionare, flog sie in seiner kleinen, einmotorigen Maschine zum Fluss, über den sie in einem Kanu das Quechua-Dorf erreichten. Jim und Elizabeth begannen, die Kinder dort zu unterrichten.

Inzwischen lebten fünf Missionarsfamilien in der Region. Wenn sie sich trafen oder über Funk unterhielten, sprachen sie nun immer öfter darüber, wie sie dem Volk der Waorani von Jesus erzählen konnten. Eine Waorani hatten sie schon kennengelernt: Dayuma war vor ihrem Volk geflohen, weil ihre Familie in einem blutigen Racheakt umgebracht worden war. Von Dayuma lernten Jim und die anderen einige Sätze auf Waorani und wie dieses Volk lebte.

Im September 1955 berichteten Ed und Nate aus dem Team über Funk aufgeregt, dass sie vom Flugzeug aus Hütten der Waorani gesehen hatten! Die fünf Männer beschlossen begeistert, Kontakt mit den Ureinwohnern aufzunehmen. Die Sache war ganz und gar nicht ungefährlich, das war ihnen klar. Deshalb überlegten sie sich einen Plan: Sie wollten ihre Kontaktaufnahme geheim halten, damit keine Abenteurer oder die Medien sich ihnen anschlossen und die Waorani womöglich abschreckten. Sie überlegten sich Fluchtrouten und bei ihren wöchentlichen Flügen würden sie Geschenke mitnehmen, die sie in einem Zinneimer zu den Waorani hinabließen, um zu zeigen, dass sie freundliche Absichten hatten. Bei ihrem ersten Flug stellten sie einen kleinen Metallkessel in den Eimer und ließen ihn zu den Waorani hinunter. In der zweiten Woche legten sie eine Machete hinein. Nach mehreren Flügen warteten die Waorani schon unten, wenn sie angeflogen kamen. Also nahmen sie Lautsprecher mit und riefen vom Flieger aus ein paar freundliche Sätze, die sie von Dayuma gelernt hatten: »Wir mögen euch! Wir sind eure Freunde!« Bald legten die Waorani ebenfalls Geschenke in den Eimer: ein gewebtes Stirnband, gekochten Fisch und sogar zwei lebende Papageien!

Nach drei Monaten beschlossen Jim und die anderen, es mit einer persönlichen Begegnung am Boden zu wagen. Dafür wollten sie an einem Strand in der Nähe ein kleines Camp errichten. Sie beteten, packten Ausrüstung zusammen, überlegten zwei Fluchtrouten, falls etwas schiefginge, und luden schließlich auch Gewehre ein, mit denen sie aber nur zur Abschreckung in die Luft schießen wollten, selbst wenn sie angegriffen werden sollten. Fünfmal flog Nate mit seinem kleinen Flugzeug zum Strand, um das Material und die anderen vier Männer dorthin zu bringen. Sie bauten ein Baumhaus und flogen anschließend über das Waorani-Dorf, um sie in ihr Camp einzuladen. Einige Tage später tauchten ein Mann, eine Frau und ein Mädchen der Waorani auf. Sie tauschten Geschenke aus und die Männer sagten erneut die Sätze, die sie von Dayuma gelernt hatten. Ein Waorani traute sich sogar, mit auf einen kleinen Rundflug zu gehen. Etwa eine Woche nachdem sie am Strand angekommen waren, fanden sie, es wurde Zeit, die älteren Waorani zu treffen. Über Funk baten sie ihre Frauen zu beten und kündigten an, sich gegen 16:30 Uhr am Nachmittag wieder zu melden. Doch die Funkgeräte blieben still.

Die Frauen wurden unruhig und informierten am nächsten Morgen einen Suchtrupp. Fünf Leichen wurden gefunden. Die Waorani hatten Jim und die anderen Missionare mit Speeren getötet.

Trotz dieser grausamen Nachricht, die um die Welt ging, war die Geschichte noch nicht zu Ende. Jims Frau Elizabeth und Nates Schwester Rachel zogen einige Monate später mit Dayuma ins Dorf der Waorani, um bei ihnen zu leben. Sie erklärten ihnen, dass sie keine Rache üben wollten, sondern dass sie ihnen vergeben hatten und dass Jesus die Waorani liebte. Enge Freundschaften zu den Waorani entstanden und viele begannen Jesus nachzufolgen.

In sein Tagebuch hatte Jim einmal geschrieben: »Der ist kein Narr, der hingibt, was er nicht behalten kann, damit er gewinnt, was er nicht verlieren kann.« Jim war erst neunundzwanzig, als er sein Leben verlor. Doch die Waorani erlebten einen großen Gewinn: Der Hass, die Angst und das Töten aus Rache hörten auf, als etliche begannen, ihr Leben nach Jesus auszurichten.

JENNIFER STRICKLAND

**1970*

MIT FÜNFZEHN NAHM JENNIFER an einem Casting teil, um das Gesicht einer großen Werbekampagne zu werden. In fünf Runden wurden immer mehr Mädchen ausgesiebt. Am Ende blieben Jennifer und ein anderes Mädchen übrig – das im großen Finale gewann. Jennifer zermarterte sich das Hirn: Was hatte dieses Mädchen, was sie nicht hatte? Schon mit zehn hatte Jennifer einen Modelkurs belegt und Spaß daran gefunden. Sie ging zu Castings, wurde für Fotoshootings gebucht und genoss es, geschminkt und gelobt zu werden.

Mit siebzehn bot ihr eine große Agentur einen Modelvertrag und gleichzeitig ein Stipendium für ein Studium an, das in den USA sonst viel Geld kostet. Was für eine Chance! Sie unterschrieb den Vertrag und flog im Sommer für die Agentur nach Hamburg. Sie besuchte Castings und bekam erste Aufträge. Fernsehwerbespots, Fotoshootings für Werbekataloge, Reklame für Mercedes, für Converse, für L'Oréal und die große Modewelt lagen vor ihr. Gleichzeitig überkam sie das Gefühl, nie gut genug zu sein.

Doch selbst wenn sie gestresst oder traurig war, musste sie fröhlich in die Kamera lächeln und so tun, als platze sie vor Selbstvertrauen.

Den Sommer darauf verbrachte Jennifer in der Modestadt Paris. Um sich zwischen Castings und Shootings etwas Ablenkung zu gönnen, besuchte sie an einem Abend mit zwei Freundinnen ein Konzert. Es war schon spät, als sie anschließend in die Pariser Metro stieg, um nach Hause zu fahren. Doch nach drei Stationen blieb die U-Bahn einfach stehen. Der Heimweg wurde zur Odyssee. Sie musste mehrfach umsteigen, verfuhr sich, wartete endlos auf düsteren Bahnhöfen, wurde von Betrunkenen belästigt, von einem Mann verfolgt und hatte panische Angst. Völlig fertig kam sie frühmorgens zu Hause an. Doch zum Ausruhen blieb keine Zeit: Sie hatte einen Shootingtermin in Schweden. Schon im Morgengrauen musste sie wieder in die Bahn und den Flieger steigen, um nachmittags sorglos in eine Kamera zu lächeln.

Als diese Fotos schließlich in einer Zeitschrift erschienen, wurde Jennifer schlagartig klar: Wie sie da auf den Fotos in einen Pulli gekuschelt dastand und glücklich lächelte, hatte nichts damit zu tun, wie sie sich nach der furchtbaren Nacht tatsächlich gefühlt hatte. Die Fotos zeigten nicht sie als Person, sondern ein Bild, das Fotografen und Firmen erzeugen wollten. Die Modewelt war nichts als Schein und Fassade. Und um Erfolg zu haben, würde sie niemals sie selbst sein können.

Noch etwas machte Jennifer zu schaffen: Sie lernte viele andere Models kennen und erlebte, wie unglücklich, kaputt und oft auch krank sie waren. Einen Sommer verbrachte Jennifer in Sydney. Ihre Mitbewohnerin Shellie war von Natur aus groß und kräftig gebaut. Um in die schmalen Kleider zu passen und dem erwünschten Schönheitsideal zu entsprechen, musste Shellie eisern Diät halten. Doch sie hatte mit einigen persönlichen

Problemen wie dem frühen Tod ihres Vaters zu kämpfen. Und so musste Jennifer mit ansehen, wie sich morgens die leeren Packungen von Keksen, Eis und Brot im Müll türmten, weil Shellie sich in der Nacht vollgestopft hatte, um sich kurz darauf im Klo wieder zu erbrechen. Jennifer litt mit dieser klugen, hübschen Frau, die traumhaft schön singen konnte – und doch so verletzt, verzweifelt und krank vor Bulimie war. Sie erkannte: Viele Modehäuser wollten im Grunde, dass ihre Kleider von magersüchtig aussehenden Frauen präsentiert wurden.

Auch Jennifer selbst hielt sich fern von Fett und Zucker, ernährte sich eine Weile nur von Reis, Karotten und Birnen und wagte es nicht mehr, sich ein Stück Käse oder einen Teller Nudeln zu gönnen. Als sie bei ihrer Größe von 1,83 nur noch 55 Kilogramm wog, flog Jennifer nach Mailand, um in der Modemetropole zu arbeiten. Ihr Ehrgeiz wurde belohnt: Der große Modeschöpfer Giorgio Armani engagierte sie für seine Modenschauen. Sie genoss die Auftritte auf dem Laufsteg, den Glitzer und Glamour. Doch sie empfand auch, wie hohl die Welt hinter der Bühne war: Sie betrachtete die wie gemeißelt geschminkten Gesichter, knorrigen Körper, lichtlosen Augen. Die meisten dieser Mannequins empfanden sich nicht einmal als schön, weil dauernd ein Fotograf, Redakteur oder Modeschöpfer sagte, dass sie zu knochig oder aber nicht dürr genug, zu blond oder zu lockig waren. Einen perfekten Körper gab es nicht.

Jennifer hatte immer geglaubt, der Erfolg, das Geld und die teure Modelwelt würden sie glücklich machen. Doch zu ihrer Überraschung war sie auch als erfolgreiches Armani-Model nicht annähernd so glücklich wie erwartet. Obwohl sie als Model nun gefragter war als je zuvor, obwohl sie zwischen Mailand und den USA hin und her flog, Fernsehspots drehen durfte, für Kataloge und Zeitschriften fotografiert wurde und nicht selten

2000 Dollar am Tag verdiente, fühlte sie sich immer schlechter. Sie hatte Albträume, fror ständig, bekam Akne und ihre Haare fielen büschelweise aus. Sie war verzweifelt vor Einsamkeit und der Sehnsucht, etwas Sinnvolles zu tun. Hals über Kopf buchte sie schließlich einen Flug nach Hause und ihre Familie kümmerte sich um sie, baute sie wieder auf, kochte für sie. Doch ihr Rat war klar: Jennifer sollte die Chance nutzen, noch mehr Geld zu verdienen und erst dann aussteigen.

Das gute Essen zu Hause hatte sie gestärkt und zugleich hatte Jennifer zugenommen: zwei Kilo, die ihr ausgemergelter Körper dringend brauchte. Doch von Armani wurde sie deshalb gefeuert und in der Folge auch von ihren anderen Auftraggebern. Zwei Kilo entschieden über ihr Modeldasein.

Ihre Agentur schickte sie nach Rom für kleinere Aufträge und Jennifer beschloss, noch in Italien herumzureisen. Im Bus lernte sie die Neuseeländerin Kim kennen, die seit sieben Monaten allein unterwegs war. Kim erzählte vom Heiligen Geist, der mit ihr reiste, und fragte, woran Jennifer glaubte. Jennifer betete manchmal und hatte sich mit Buddhismus, Zen-Meditation und Tarot beschäftigt, aber eine Rolle spielte nichts davon in ihrem Leben. Als sie in einem kleinen italienischen Dorf eine einfache Kapelle besichtigten, knieten Kim und Jennifer nieder und beteten gemeinsam. Auf einmal fror Jennifer nicht mehr, sondern hatte das Gefühl, als überspülte sie eine warme Welle wie eine Umarmung. An diesem Tag tat sie einen kleinen Schritt Richtung Veränderung – mehr noch nicht.

Nach ihrem Italien-Trip zog Jennifer nach München in ein Zimmer, das ihr die Agentur besorgt hatte. Sie besuchte manchmal acht Castings hintereinander, um Jobs zu ergattern, und ließ sich für Kataloge fotografieren. Abends saß sie allein in ihrer Wohnung. Aus Einsamkeit griff sie zu den Mitteln, die viele im Modelbusiness kennen: Sie betrank sich und nahm Drogen. Zwischendurch wollte sie gar nicht mehr leben.

Nach einer schlaflosen Nacht beschloss sie spazieren zu gehen. Als sie im Park Trommeln hörte, folgte sie dem Klang. Sie traf auf Menschen, die gemeinsam sangen, und kam mit ihnen ins Gespräch. Sie schenkten ihr ein Neues Testament und luden sie zur Kirche ein. »Warum nicht?«, dachte Jennifer.

Sie begann, öfter in der Bibel zu lesen, und hatte den Eindruck, dass eine Stimme sagte: »Wirf das Haschisch weg.« Sie zögerte erst, dann spülte sie es die Toilette hinunter und beschloss kurz darauf, der Modewelt endgültig den Rücken zu kehren. Nur eins wollte sie in Deutschland noch sehen, bevor sie zurück in die USA flog: die Zugspitze. Und diese Reise wurde zur endgültigen Wende.

Schon die Kreuze an den Wanderwegen dort erschienen ihr wie Zeichen, dass sie auf dem richtigen Weg war. Unter einem Baum legte sie sich schließlich in den Schnee und blickte in den Himmel. »Komm herein, Jesus«, flüsterte sie.

Mit dieser Entscheidung war noch nicht auf einen Schlag alles gut. All die Jahre in der Modelbranche zu verarbeiten und innerlich heil zu werden, dauerte eine ganze Weile. Aber nach und nach veränderte sich ihr Leben: Sie studierte, heiratete und bekam Kinder. Heute hält Jennifer Vorträge darüber, dass unser wahrer Wert als Mensch nicht an unserem Aussehen hängt, sondern daran, dass wir von Jesus geliebt sind.

RICHARD WURMBRAND

1909–2001

»LIEBER GOTT, ICH WAR ATHEIST. Lass mich nach Russland gehen, um dort als Missionar unter Atheisten zu arbeiten, und ich werde nicht klagen, wenn ich anschließend den Rest meines Lebens im Gefängnis verbringen muss«, betete Richard.

Im Gefängnis? Das war schon ein bemerkenswertes Gebet für jemanden, der gerade erst angefangen hatte, Gott ernst zu nehmen. Noch dazu da er noch vor wenigen Wochen als Partylöwe durch die Nachtklubs gezogen war und als ziemlich erfolgreicher Börsenmakler gearbeitet hatte.

Als Richard dieses Gebet sprach, war er gerade erst Ende zwanzig. Er hatte das Leben mit seiner Frau Sabina in der rumänischen Hauptstadt Bukarest bislang genossen. Auch damals schon, in den 1930er-Jahren, gab es viel Gelegenheit, sich zu vergnügen.

Doch Richard war an Tuberkulose erkrankt, die damals oft tödlich verlief. Sein Alkoholkonsum machte die Sache noch gefährlicher. Eine gewisse Aussicht auf Heilung bot nur eine Kur in einem abgeschiedenen Sanatorium mit klarer Bergluft und viel Ruhe. In dieser Ruhe hatte Richard nun jede Menge Zeit, um über sein Leben nachzudenken. Er stammte aus einer jüdischen Familie, aber Religion hatte nie eine große Rolle in seinem Leben gespielt. Auch nicht, nachdem sein Vater gestorben war. Da war Richard erst neun Jahre alt gewesen. Seine Familie war zu dieser Zeit bitterarm, musste immer wieder hungern und Richard litt sehr. Aber er war intelligent und interessiert und er las schon als Kind viele Bücher, die seinem Vater gehört hatten, vor allem die atheistischen. »Mit vierzehn Jahren hasste ich geradezu jede Vorstellung von Religion«, erzählte er später. Dann entdeckte er die Partywelt, war beruflich erfolgreich, hatte Geld – und gleichzeitig das ungute Gefühl, ein oberflächliches Leben zu führen, dem Entscheidendes fehlte. Über all das dachte er während seiner monatelangen Kur nach. Er erinnerte sich auch daran, dass er sich als überzeugter Atheist schon oft gewünscht hatte, es gebe doch einen Gott.

Nach einigen Monaten Kur ging es Richard gesundheitlich besser und er zog in ein Bergdorf in der Nähe, um sich dort weiter zu erholen. Sabina kam zu Besuch und gemeinsam schlenderten sie durch die Dorfgassen. Ein alter Mann, ein deutscher Tischler namens Christian, lud sie zu sich nach Hause ein. Als er hörte, dass Richard und Sabina geborene Juden waren, begann er zu weinen. Denn schon seit langer Zeit hatte ausgerechnet er in diesem abgelegenen Bergdorf darum gebetet, einem Juden von Jesus erzählen zu dürfen. Nun hatte Gott ihm diesen tiefen Wunsch erfüllt. Christian und Richard freundeten sich an. Sie unterhielten sich viel und Christian schenkte Richard seine alte, abgegriffene Bibel. Als Richard darin las, überkam ihn zum einen das Gefühl, dass Jesus schon sein ganzes Leben lang mit seiner Liebe auf ihn gewartet hatte. Und zum anderen wurde ihm beim Lesen klar, was Christsein bedeutet: Paulus hatte für seinen

Glauben im Gefängnis gesessen und Jesus hatte deutlich gesagt, dass man seine Feinde lieben soll. Und so betete Richard eines Tages in den Bergen dieses Gebet. Es sollte in Erfüllung gehen, wenn auch ein bisschen anders als gedacht.

Als Richard von seiner Zeit in den Bergen zurückkehrte, rang Sabina eine Weile mit dem Glauben, erlebte Jesus aber schließlich selbst und begann, begeistert auch anderen von ihm zu erzählen. Richard beschloss, Pfarrer zu werden, und sie bekamen einen Sohn, Mihail. Doch für Menschen mit jüdischer Abstammung wurde es in Rumänien immer gefährlicher. Hitler hatte auch hier großen Einfluss. Für Sabina und Richard war schnell klar: Wo Menschen in Not waren, mussten sie etwas tun. Sie halfen jüdischen Kindern zu fliehen, predigten während Bombenangriffen in Luftschutzbunkern und setzten sich für Menschen ein, die von den Nazis bedroht und verfolgt wurden. Das hatte Konsequenzen. Mehrfach wurden sie verhaftet, von Wachen geschlagen und saßen im Gefängnis. Fünf Jahre lang litten sie unter den Nazis.

Nach dem Krieg teilten die Siegermächte USA, Russland und Großbritannien die Länder auf, die sie besetzten. Russland übernahm in Rumänien das Sagen und in der Folge kamen eine Million Russen in das damals reiche Land. So ging also Richard nicht nach Russland, sondern Russland kam zu ihm.

Über fünfzig Millionen Menschen waren während des Zweiten Weltkriegs gestorben, darunter sechs Millionen Juden. Doch das Töten und Sterben war noch nicht vorüber. Die Zeit des Kommunismus würde am Ende weltweit sogar für hundert Millionen Menschen den Tod bedeuten. Stalin, der damalige Diktator Russlands, hielt alle Christen für eine Bedrohung und ließ sie verfolgen, foltern und töten. Das bekamen auch

Richard und Sabina zu spüren, obwohl sie Menschen mit großer Liebe begegneten. Selbst den deutschen Soldaten, die nun von russischen Soldaten gejagt wurden, halfen Richard und Sabina, obwohl sie wenige Jahre zuvor von den Nazis ins Gefängnis geworfen worden waren. Sie vergaben sogar einem russischen Soldaten, der damit prahlte, eine Gruppe jüdischer Familien eigenhändig ermordet zu haben, unter der auch Verwandte von Sabina gewesen waren. Sabina umarmte ihn und verzieh ihm. Richard sprach in liebevoller Art mit Leuten, die Juden ablehnten, und viele schlossen ihn ins Herz und begannen sogar ein Leben mit Jesus.

Dann brachten die russischen Kommunisten das ganze Land durch Wahlfälschungen, Betrug und Gewalt unter ihre Kontrolle. Politiker, Polizisten und andere Beamte wurden gefangen genommen und getötet. Viele Juden flohen ins Ausland. Auch Sabina und Richard überlegten das. Doch in einer Gebetsversammlung sagte eine Frau: »Denke daran, dass der gute Hirte seine Herde auch nicht verlassen hat.« Da war für sie beide die Sache entschieden. Sie blieben und kümmerten sich um Waisenkinder, verteilten christliche Hefte in Cafés und auf der Straße und organisierten eine Tafel für Hunderte Kriegsopfer. Ihre Gemeinde wuchs auf über tausend Christen.

Die Freiheit währte jedoch nicht lange. Eines Tages hielt auf der Straße ein großes schwarzes Auto neben Richard. Zwei Männer packten ihn brutal und er wurde in eine enge Betonzelle gebracht. Wochenlang wurde er nachts geweckt und verhört, damit er andere Christen verriet. Als die Soldaten nichts aus Richard herausbekamen, wurde er gefoltert. Er musste mit erhobenen Armen so lange auf der Stelle stehen, bis er zusammenbrach. Auf dem Boden wurde er geschlagen. Er wurde ausgepeitscht, ihm wurde so lange Wasser eingeflößt, bis sein Magen fast platzte. Er musste in den Karzer steigen – einen Schrank, aus dessen Boden und Wänden Nägel ragten. Doch Richard blieb standhaft. Wenn er Namen aufschreiben musste, nannte er einfach Menschen, die längst geflohen oder gestorben waren.

Richard hatte sich auf diese Zeit vorbereitet. Er hatte Bücher von Christen gelesen, die im Lauf der Jahrhunderte für ihren Glauben gefoltert worden waren. Manche Wärter halfen ihm und er fand immer wieder auch andere kleine Zeichen, dass Jesus bei ihm war. Richard empfand viel Liebe für die anderen Gefangenen und selbst für diejenigen, die ihn folterten.

Insgesamt vierzehn Jahre blieb Richard im Gefängnis. Am Ende war er schwer krank und schwach. In seiner Gefangenschaft hatte er viele Menschen sterben sehen und vielen von Jesus weitererzählt. Er hatte seinen Glauben nicht verloren. Im Gegenteil, er fühlte sich Jesus noch enger verbunden. Die Liebe war mächtiger gewesen als die Gewalt, denn durch sie hatte er selbst dem brutalsten Verhörbeamten widerstanden.

Auch Sabina wurde verhaftet und musste drei Jahre lang unter schwersten Bedingungen in Arbeitslagern schuften.

Nach ihrer beider Entlassung schlossen sie sich der Untergrundkirche an und predigten gegen die russischen Unterdrücker. Später konnten sie aus Rumänien fliehen und zogen in die USA. Richard schrieb viele Bücher, gründete Organisationen und sammelte Geld, um verfolgten Christen in kommunistischen Ländern zu helfen.

Als ehemaliger Atheist hatte er unter Atheisten gearbeitet und einen Großteil seines Lebens im Gefängnis verbracht. Sein Gebet war erhört worden.

KLARA (BASILEA) SCHLINK

1904–2001

»HÄTTE ICH NOCH MEHR solche wie das Klärchen, könnte ich einpacken«, stöhnte Klaras Konfirmationslehrer mehr als einmal, wenn er nach dem Unterricht nach Hause kam. Klara konnte andere mitreißen, war selbstbewusst und stellte viele Fragen an den Glauben. Sie war klug, ihr Vater arbeitete als Physikprofessor und sie und ihr Bruder lernten von klein auf rational zu argumentieren. Doch Klara begann darunter zu leiden, dass sie alle Glaubensthemen hinterfragte, ihr aber niemand Antworten geben konnte: »Was kann ich machen, wenn sich mein Verstand widersetzt und ich es nicht einsehen kann? Kein Mensch kann mir Antwort geben, in den Büchern suche ich auch umsonst«, schrieb sie mit siebzehn in ihr Tagebuch. Sie hatte Tanzen gelernt, interessierte sich für Kunst- und Musikgeschichte, hatte eine kleine Kunstkartensammlung angelegt und dennoch überkam sie immer wieder das Gefühl, dass ihr all das nicht ge-

nügte, dass sie nicht mit sich im Reinen war und sich gern ändern wollte. »Ich bin eben eine Suchende«, schrieb sie, »ach, wenn mir doch eine Erleuchtung käme.«

Statt der Erleuchtung kam eine Freundin ins Haus. Die beiden hatten nach der zehnten Klasse die Schule abgeschlossen und sollten nun – wie für Mädchen damals üblich – bei Klaras Mutter lernen, einen Haushalt zu führen. Klara freute sich riesig auf den Besuch, musste aber schnell feststellen, dass die Freundin ihr im engen Umgang ziemlich auf die Nerven ging. Da half kein Zusammenreißen, Klara fühlte sich jämmerlich. Sie wollte die Freundin nicht verletzen, war aber ständig gereizt, so sehr sie sich auch um Änderung bemühte. »Ich, mein Wille kann nichts schaffen«, schrieb sie und sah ein, dass Hilfe von höherer Stelle kommen musste: »Ich bin an den Punkt gekommen, wo ich kleiner Mensch mich beugen muss vor Gott.«

Ihre Frage, ob Jesus wirklich der einzige Weg zu Gott war, war damit allerdings noch nicht geklärt. Sie bat Gott, ihr zu zeigen, was richtig war. Die Antwort bekam sie in einem Traum: Eines Nachts begegnete ihr Jesus als Gekreuzigter. Als sie morgens aufwachte, spürte sie die merkwürdig tiefe Überzeugung: Jesus hatte durch die Kreuzigung und Auferstehung den Weg zu Gott, dem Vater, freigemacht – und diesem Jesus wollte sie folgen! Klara erzählte niemandem davon. So recht hätte ihre Familie sie wohl nicht verstanden. Doch nun konnte sie Jesus um die Kraft bitten, sich zu ändern, und um Liebe für die Freundin. Sie erlebte, dass diese Freundschaft mit Jesus tatsächlich ihr Handeln änderte.

Nach dem Haushaltsjahr begann Klara eine Ausbildung zur Erzieherin an einer evangelischen Schule. Doch hier kam sie erneut an ihre charakterlichen Grenzen. Gern wäre sie Schülersprecherin geworden, doch die Verantwortlichen lehnten ab: Sie sei überkritisch und zu sehr von sich überzeugt. Deshalb täte ihr ein solches Amt nicht gut. Klara war enttäuscht. Statt in Selbstmitleid übte sie sich jedoch in Selbstkritik: »Ich brauche diese bestimmte Anerkennung anderer so nötig. Doch was macht man bei Geltungsdrang? Ja, auch jetzt viel Liebe zu geben und vor allem Jesus stets zu bitten, darum geht es«, schrieb sie mit achtzehn in ihr Tagebuch. Sie entschied sich, anderen zu helfen, wo sie konnte, und wurde schließlich doch noch zur Schülersprecherin gewählt.

In dieser Zeit fand sie auch eine Freundin fürs Leben: Erika Madauss. Bis ins hohe Alter packten sie gemeinsam große Projekte an. Eine Weile vorher trennten sich jedoch ihre Wege: Klara ging zur Bibelschule, arbeitete in Darmstadt als Jugendleiterin und später als Bibelschullehrerin; Erika zog nach England. Schließlich trafen beide sich in Hamburg wieder, wo Erika nun als Sozialarbeiterin arbeitete und Klara Psychologie studierte. Nachdem Klara ihre Doktorarbeit geschrieben hatte, wollten sie nach Darmstadt zu Klaras Eltern ziehen. Sie hatten gemeinsam den Eindruck, Gott habe ihnen die Aufgabe gegeben, dort eine Kurzbibelschule zu beginnen. Mädchen sollten mehrere Monate bei ihnen wohnen und mehr über den Glauben lernen. Klara und Erika renovierten das Dachgeschoss, druckten und verteilten einen Prospekt, doch niemand meldete sich an. Die beiden Freundinnen waren frustriert. Hatten sie Gott missverstanden?

Als Klara gebeten wurde, übergangsweise wieder als Bibelschullehrerin zu arbeiten, willigte sie ein. Trotzdem hatten beide Frauen den Eindruck, sie sollten an der Aufgabe festhalten. Obwohl sie kaum Einkommen hatte und ärmlich leben musste, übernahm Erika ehrenamtlich einen kleinen Bibelkreis, aus dem innerhalb von zwei Jahren mehrere Gruppen mit etwa hundert Mädchen wurden und für die sich schließlich ein Freundeskreis fand, der Erika anstellte.

Klara begann für eine Missionsorganisation zu arbeiten. Außerdem wurde sie Teil eines Kreises, der überwiegend aus Pfarrern bestand, denen es wichtig war, Gott anzubeten und vor ihm auch eigene Fehler zu bekennen. Mitten im Zweiten Weltkrieg machten sich die Teilnehmer unter Gefahr von Bombenangriffen auf den Weg zu einem Treffen. Als im Radio von einem fehlgeschlagenen Attentat auf Adolf Hitler berichtet wurde, beteten sie umso intensiver für das Land und die Not der Juden. In den Vorträgen, die Klara in dieser Zeit hielt, saßen oft Spitzel: Zweimal wurde sie von der Geheimen Staatspolizei verhört, aber immer wieder freigelassen.

In der Nacht auf den 12. September 1944 wurde Darmstadt durch einen Luftangriff von britischen Fliegern großflächig zerbombt. Tausende Einwohner waren unter den Trümmern begraben. Doch die meisten der Mädchen aus Erikas Jugendarbeit konnten sich retten, flohen aus den brennenden Häusern und verließen die Stadt. Am Sonntag darauf waren Klara und Erika überrascht, dass etliche von ihnen zu Besuch kamen, oft von weither mit dem Rad, um mit ihnen zu beten. Viele weitere kamen in den Tagen und Wochen danach. Als Gruppe wurde ihnen bewusst, welche große Schuld sie als Christen ihrem Volk und den Juden gegenüber hatten, weil sie viel zu wenig gebetet und für die Juden getan hatten. Diese Erfahrung schweißte sie eng zusammen. Nun war es von Vorteil, dass Klara und Erika das Dachgeschoss ausgebaut hatten: Ganze Tage verbrachten oft vierzig bis fünfzig Schülerinnen und Studentinnen bei ihnen, beteten, sangen, bekannten ihre Fehler und lasen in der Bibel.

Als ein befreundeter Pfarrer in einer Predigt bei ihnen wie nebenbei bemerkte, dass es zu allen Zeiten der Geschichte Christen gegeben habe, die in Lebensgemeinschaften zusammenwohnten, klickte es bei Klara und Erika: Das war es! Die Jugendarbeit, die Zeit ohne Geld, die Erfahrung von Gebet und Anbetung, der Liebe zu Jesus und der Zusammenkünfte in den letzten Monaten waren eine Vorbereitung für eine Gemeinschaft gewesen! In vielen Gebeten fragten sie Gott, ob sie wirklich wie Nonnen in Armut, Gebet und Liebe zu Jesus zusammenleben sollten. Mehr und mehr hatten sie schließlich den Wunsch, eine solche evangelische »Schwesternschaft« zu gründen. Und so begann zwölf Jahre, nachdem Klara und Erika das Dachgeschoss ausgebaut hatten, diese neue Aufgabe – viel größer als sie ursprünglich erwartet hatten.

Unter den Namen »Mutter Basilea« und »Mutter Martyria« leiteten Klara und Erika die neue Lebensgemeinschaft von anfangs sieben Schwestern in Klaras Elternhaus. Drei Jahre später eröffneten sie eine Kapelle und zogen in ein »Mutterhaus«. Im Lauf der Jahrzehnte breitete sich die Schwesternschaft weiter aus, gründete Außenstellen in Finnland und Ungarn, in den USA und Israel, in Brasilien, Australien und vielen anderen Ländern. Die Anbetung Gottes, das tägliche Bekennen von eigenen Fehlern und die Liebe zu Jesus blieben ihnen zeitlebens wichtig. Klara schrieb über hundert Broschüren und Bücher, die in rund sechzig Sprachen übersetzt wurden, hielt Radiosendungen und ließ an vielen Aussichtspunkten weltweit – bis zum Grand Canyon und auf dem Himalaja – Tafeln mit Bibel- und Liedversen anbringen, die dazu einluden, Gott in der herrlichen Landschaft anzubeten. Mit dreiundneunzig Jahren starb Mutter Basilea in Darmstadt.

OLE RONKEI

**1960*

DASS OLE ÜBERHAUPT ZUR SCHULE GING, lag nur daran, dass seine Heimat Kenia unabhängig geworden war von Großbritannien. Der neu gewählte Präsident Jomo Kenyatta ordnete daraufhin an, dass aus jeder Familie mindestens ein Kind zur Schule gehen musste. Oles Großvater war der Führer seines Clans, ein sogenannter Laiboni, und er wollte dem neuen Chef im Amt gehorchen. Ob sein Großvater sich unter den sieben Kindern für Ole entschied, weil der zu klein zum Kühehüten war oder schlauer als die anderen oder der Erstgeborene seines Sohnes, weiß wohl niemand so genau. Jedenfalls wurde Ole auserwählt, im Dorf Enoosaen lesen, schreiben und rechnen zu lernen.

Oles Volk der Massai zog traditionell als Nomaden durchs Land, um die Rinderherden zu ständig wechselnden Weideplätzen zu führen. Dort bauten sie für die Dauer des Aufenthalts niedrige Rundhütten, die sie mit getrocknetem Kuhdung bedeckten und mit Kuh- und Ziegenhäuten als Teppich auslegten.

Der Präsident forderte die Massai der Region jedoch auf, sesshaft zu werden, und wies ihnen Land zu. Inzwischen war Oles Vater der Laiboni und wachte über dieses neue Gebiet. Das Nachbarvolk der Luo begann jedoch, darauf unerlaubt ihre Äcker anzulegen. Weil Oles Vater befürchtete, dass sie sich sein Land immer stärker aneignen würden, begann er, seine Rinderherden durchzutreiben, was wiederum den Luo nicht gefiel. Eines Tages nahmen sie ihn deshalb gefangen. Seine Brüder zogen los, um ihn zu befreien, doch zu ihrem großen Entsetzen fanden sie Oles Vater nur noch tot vor. Daraufhin ermordeten sie etliche Luo-Männer – ein furchtbarer Rache-Akt.

Oles Mutter zog mit den Kindern zu seinem Opa. Mit dem Mord an ihrem Laiboni hörte die gesamte Sippe auf umherzuziehen und begann, sich Lehmziegelhütten als feste Unterkünfte zu bauen. Für Ole als Halbwaisen übernahmen seine beiden Onkel die Verantwortung. Sie mussten nun auch entscheiden, ob Ole nach der Grundschule Kühe hüten oder eine weiterführende Schule besuchen sollte. Als sein Onkel Noah von einem Internat in Nairobi hörte, in dem Sponsoren das Schulgeld für Kinder ohne finanzielle Mittel übernahmen, erkundigte er sich dort. Das Schuljahr hatte bereits begonnen, aber Ole wurde dennoch aufgenommen.

Ein ganz neuer Abschnitt in seinem Leben begann. Alles am Leben in diesem Internat war anders als bisher: Für das neue Leben in der Stadt musste er zum ersten Mal Schuhe tragen und das ungewohnte Essen bekam ihm nicht. Bei Massai stehen Ziegen- und Rindfleisch, Blutsuppe und Milch auf dem Speiseplan. Am Maisbrei mit Soße neben Gemüse und Obst im Internat verdarb Ole sich monatelang den Magen. Außerdem plagte ihn großes Heimweh. Doch ihm wurde bewusst, dass er als einer von wenigen Massai das Vorrecht hatte, eine Schule zu besuchen.

Als er sich schließlich eingelebt hatte, zählte er nicht nur jedes Jahr zu den Klassenbesten, sondern engagierte sich auch an vielen Stellen, arbeitete im Schülercafé mit und wurde Gruppenführer bei den Pfadfindern.

Religionsunterricht hatte Ole bei einem italienischen Priester. Vieles, was er von ihm hörte und in der Bibel las, klang fast identisch mit dem Glauben der Massai: die Brandopfer des Alten Testaments, die Überzeugung, ein »auserwähltes Volk« zu sein, nur an einen Gott zu glauben – all das kannte er von seinem Volk. Oles Interesse wuchs. Er diskutierte die Unterschiede mit seinem Religionslehrer und mit seinem Großvater und war fasziniert von den leidenschaftlichen Aussagen und der Nächstenliebe, die Jesus lehrte. Als er ungefähr siebzehn war, wurde das Beschneidungsfest für ihn und andere Massai seines Alters angesetzt. Danach gelten Massai-Jungen als erwachsen. Früher gehörte es dazu, dass die angehenden Krieger einen Löwen töteten, doch das war schon zu Oles Zeit verboten. Die Unterweisungen der Dorfältesten über Aufgaben und Verantwortung eines Massai gehörten jedoch weiterhin zur Tradition.

Als Ole nach Nairobi zurückkehrte, hörte er von einem christlichen Jugendkreis und lud den Leiter ein, mit ihm einen Schülerkreis im Internat zu gründen. Bei einem größeren Jugendabend mit Chor und Redner beschloss er schließlich, auch öffentlich zu seinem Glauben an Jesus zu stehen. Seine Familie fand das wenig problematisch. In ihren Augen ergänzten sich Massai-Kultur und Christentum. Nur dass Jesus den Weg zu Gott öffnet, war neu für sie.

Im letzten Internatsjahr träumte Ole schon von seinem Studium. Seine Abschlussprüfung bestand er, doch um einen einzigen Punkt verfehlte er die strenge Zulassungsprüfung für die einzige Hochschule von Kenia. Er war am Boden zerstört. Er, der Einser-Kandidat, hatte es nicht geschafft.

Er schämte sich vor sich selbst, aber auch vor seinem Direktor, der ihn als Massai-Jungen mitten im Schuljahr aufgenommen und an ihn geglaubt hatte. Kurz darauf war Ole mit dem Motorrad unterwegs, grübelte über sein vergeigtes Examen nach – und hätte beinahe einen Unfall gebaut. Der Schreck weckte ihn auf. Zu Hause stellte er sich vor den Spiegel und sagte sich: »Dein Gesicht da im Spiegel ist ein Ebenbild Gottes. Er hat dich geschaffen und er hat dich lieb. Musst du dich vor Gott schämen, der dich kennt? Nein. Musst du dich vor Jesus schämen, der dich erlöst hat und der kraft seiner Auferstehung in dir lebt? Nein. Also. Dann hast du sein Leben in deinem Herzen und dein Hirn zwischen den Ohren. Mit diesen beiden Kraftquellen wirst du es schaffen.«

Freunde boten ihm an, in ihre Studenten-WG zu ziehen. Um den Unterhalt zu zahlen, jobbte er in einer christlichen Buchhandlung, half im Büro aus und bekam schließlich eine halbe Stelle als Redakteur einer christlichen Organisation. Diese half ihm auch, doch noch ein Studium zu beginnen.

Und seine Träume waren noch nicht am Ende: Ole wollte gern im Ausland studieren. Sechzehn Hochschulen in den USA schrieb er an. Als der Leiter der Universität in Oregon ihm Vorschläge machte, wie er sein Studium finanzieren konnte, griff er zu. Nach seinem Abschluss in Kenia studierte er zehn weitere Jahre in den USA Journalismus und Politik und schrieb schließlich noch eine Doktorarbeit über die Rolle der Kirche im politischen Prozess in Kenia – ein Thema, das noch wichtig werden würde in seinem Leben.

Mittlerweile hatte er die Kenianerin Renoi geheiratet, drei Kinder bekommen und sehnte sich nach seiner Heimat. Außerdem hatten Renoi und er den Eindruck, dass Gott sie in ihrem Land gebrauchen wollte.

Mehrere Angebote, als Professor in den USA oder Kanada zu arbeiten, schlug er aus und unterrichtete lieber an der Hochschule in Nairobi.

Doch Ole hatte noch einen weiteren Traum: Er wünschte sich, dass sein Land viel mehr als bisher von fähigen Persönlichkeiten gelenkt wurde. Von solchen, die nicht korrupt und geldgierig waren oder nur an sich dachten, sondern den Menschen in Kenia dienen wollten. Dafür schmiss er seinen gut bezahlten Job an der Universität hin und begann bei der Hilfsorganisation »Compassion International«. Er, der selbst dank einer dänischen Spenderin hatte zur Schule gehen dürfen, warb nun in Afrika für Projekte, die es Kindern ermöglichten, zur Schule zu gehen, und ihre Persönlichkeit förderten.

Später begann Ole, das »Nationale Gebetsfrühstück« mitzuorganisieren: Politiker und Firmenbosse treffen sich in dieser Bewegung jede Woche in kleinen Gruppen zwei Stunden lang zum Bibellesen, Beten und Frühstücken. Einmal im Jahr kommen 2500 dieser Verantwortlichen aus allen Regionen und politischen Richtungen zum Gebet zusammen. Sein Wunsch ist, dass dadurch Kenias Politik und Wirtschaft mehr und mehr von dem geprägt werden, was Jesus will. Wenig später berief ihn sogar der kenianische Präsident in eine vierzehnköpfige Arbeitsgruppe: Die sollte den Präsidenten darin beraten, was notwendig war, um die Menschen in Kenia zusammenzubringen und eine gute Entwicklung in Gang zu setzen.

Was für eine Lebensgeschichte: Ein ehemaliger Hirtenjunge wird zum Förderer vieler Kinder, bringt Politiker und Wirtschaftsbosse zum Beten zusammen und berät den Präsidenten. Das passt auf keine Kuhhaut!

ESTHER CHANG

**1967*

ESTHER WAR MATHEMATISCH HOCHBEGABT und Klassenbeste. Ihre Leistungen wurden jedoch nie anerkannt und das einzig und allein deshalb, weil sie aus einer christlichen Familie stammte. Dabei hatte nur ihr Großvater an Gott geglaubt. Ihre Eltern hielten sich vom Glauben fern und auch sie selbst hatte schon als Kind beschlossen, dass sie nie Christin werden wollte, eben wegen all der Nachteile, die sie hier in China deshalb in Kauf nehmen musste.

Mit neunzehn bekam Esther eine Stelle in der nächstgrößeren Stadt. Eine entfernte Verwandte ließ sie netterweise bei sich wohnen. Esther war allerdings genervt, dass diese sie dauernd zum Gottesdienst schleppen wollte. Einmal reagierte sie so aggressiv darauf, dass die alte Dame in Tränen ausbrach. Weil Esther das nicht gewollt hatte, willigte sie ein mitzukommen. Schon als sie die Kirche betrat und die lächelnden Gesichter sah, schmolz ihre Bitterkeit über das Christsein dahin. Sie spürte eine große Liebe und einen Frieden, die alle Angriffe und Verfolgungen, die die Christen hier erlebt haben mussten, verblassen ließen.

Esther war neugierig, mehr über diesen Glauben zu erfahren. Ihre Verwandte trieb irgendwie eine Bibel auf, obwohl in der Gemeinde nur die wenigsten eine besaßen. Esther las darin, besuchte Gottesdienste und auch Treffen christlicher Studierender. Doch ein Leiter erzählte ihr im Vertrauen, dass diese Treffen von der Regierung überwacht würden, es aber auch eine illegale Untergrundgemeinde gebe. Diese zu besuchen, war gefährlich. Wenn man von der Polizei erwischt wurde, konnte man verhaftet werden und seinen Job verlieren. Aber Esther wagte es. Sie betrat die kleine Wohnung, in der das Treffen stattfand, und erlebte eine Liebe und Freiheit wie noch nie zuvor. Dort begegnete sie Gott noch inniger und intensiver. Sie begann, andere mit ihrem Glauben anzustecken, auch ihren Bruder und ihre Schwester. Doch es war hart mitanzusehen, dass sie dadurch schwere Nachteile erlebten. Ihr Bruder verlor seinen gesamten Besitz, andere ihre Arbeit und Perspektiven.

Esther heiratete schließlich, kaufte mit ihrem Mann ein Haus und bekam einen Sohn. Einerseits sehnte sie sich nach einem normalen, ruhigen Leben als Familie; andererseits hatte sie den Eindruck, Gott wollte, dass sie sich für Menschen einsetzte, die von Nordkorea nach China geflohen waren.

Korea war nach dem Zweiten Weltkrieg in zwei Länder geteilt worden. Die Sowjetunion hatte den Norden besetzt, doch als sie Ende der 1980er-Jahre zerfiel, bekam Nordkorea keine Hilfe mehr und der nordkoreanische Führer wirtschaftete das Land so sehr herunter, dass Millionen von Menschen verhungerten. Bis heute sind die Grenzen von Nordkorea geschlossen, Bewohner dürfen nicht ausreisen und Ausländer kaum ins Land hinein. Christen werden gefangen gehalten, weil sie als gefährlich gelten und nur der oberste Führer des Landes verehrt werden soll.

Esthers Gemeinde war damals Anlaufstelle für viele Nordkoreaner. Diese hatten oft monatelang nicht geduscht, manche waren gewalttätig, viele hatten kaum Mitgefühl und Esther empfand sie als roh und gefühllos. Sie mochte diese Menschen nicht und wünschte sich, dass Gott es sich anders überlegte und sie sich nicht um sie kümmern musste. Deshalb nahm sie ein Jobangebot auf der chinesischen Insel Saipan an und zog ohne ihren Mann und ihren Sohn dorthin. Neben der Arbeit belegte sie einen theologischen Fernkurs und nahm sich jeden Morgen zwei Stunden Zeit, um mit Gott zu reden. Sie vermisste ihre Familie und fragte Gott immer wieder, was er von ihr wolle. Sie begann, regelmäßig für die Menschen in Nordkorea zu beten. Eines Nachts träumte sie, dass sie durch die Luft nach Nordkorea getragen würde und vor einem Haus landete. Sie hatte das Gefühl, der Heilige Geist würde durch sie predigen. Als plötzlich Soldaten mit Hunden auftauchten, wurde sie wieder emporgehoben und zurückgetragen. Esther wusste, dass sie sofort nach China zurückkehren musste.

Von nun an begann sie, Geflüchtete bei sich zu Hause aufzunehmen. Zu jeder Tages- und Nachtzeit klopften sie an ihre Tür. Es war anstrengend, auch weil viele von ihnen nicht dankbar, sondern fordernd waren. Aber Esther war sich sicher, dass Gott ihr diese Aufgabe gegeben hatte: Diese Menschen brauchten den Frieden und die Liebe, die nur Jesus schenken kann! Eine Nordkoreanerin, die zu einer guten Freundin geworden war und in ihre Heimat zurückkehrte, lud Esther zu sich ein. Mit einer Einladung erlaubte die nordkoreanische Regierung in manchen Fällen einen Besuch – vor allem, weil dadurch Geld ins Land kam.

Esther und ihre Familie überquerten die Grenze und waren geschockt vom Elend und der Armut. Die Menschen waren kurz vor dem Verhungern und kläglich gekleidet. Viele trugen statt Schuhen nur Stofffetzen an den Füßen. Es gab keine Parks, alles wirkte düster. Esther sah mehrere Leichen in den Straßen liegen, ohne dass jemand Notiz davon zu nehmen schien. Als sie an Bahnschienen entlangliefen, sahen sie einen Lumpenhaufen, der sich als totes Mädchen entpuppte. Niemanden schien es zu kümmern, dass hier ein ausgemergelter Mensch gestorben war. Esther wurde bewusst, dass es ihr selbst so hätte ergehen können, wenn sie auf dieser Seite der Grenze geboren worden wäre. Plötzlich tat ihr leid, dass sie die Gefühllosigkeit und Rohheit dieser Menschen so verurteilt hatte. Beides war schließlich kein Wunder, wenn man im Elend dieses düsteren Landes aufgewachsen war. Je mehr Not Esther sah, desto mehr Mitleid empfand sie für die Menschen in ihrer aussichtlosen Lage. Sie versprach Gott, so vielen wie möglich von ihm und seiner Hilfe zu erzählen.

Eine große Chance eröffnete sich, als Esther eine Stelle in einer chinesischen Firma annahm, für die sie auch nach Nordkorea reisen musste. Jedes Mal brachte sie dann Nahrungsmittel mit, darunter oft ein Schwein, das gebraten wurde. Der köstliche Duft ließ viele Nordkoreaner, die schon lange kein Fleisch mehr gegessen hatten, an ihre Tür klopfen. Je öfter Esther kam, desto mehr vertrauten ihr die Menschen, dass sie es gut mit ihnen meinte. Esther begann, ihnen auch von Jesus zu erzählen, und einige ließen sich auf ihn ein.

Weil Esther sich inzwischen so gut im Land auskannte, wurde sie auch von anderen Firmen, die in Nordkorea investieren wollten, um Rat gefragt. Sie wurde zu einer geschätzten Geschäftsfrau. Viele der Nordkoreaner, die in ihrem Haus in China angefangen hatten, an Jesus zu glauben, waren mittlerweile nach Nordkorea zurückgekehrt. Sie bildeten ein Netzwerk von zuverlässigen Christen, die ihren Glauben in die Tat umsetzten, liebevoll anderen halfen, Geld für die Ärmsten zusammenlegten und Esther einluden, unter diesen Familien zu predigen.

»Von mir könnt ihr keine Hilfe erwarten«, sagte sie dann immer, »aber Jesus kann euch trösten, euch ewiges Leben schenken und euch geben, was ihr braucht.« Die Nordkoreaner waren fasziniert von Esthers Mut und Leidenschaft. Schätzungsweise fünfundzwanzig Hausgemeinden entstanden auf diese Weise.

Doch überall lauerten Spitzel und die Christen wurden verraten. Viele kamen ins Gefängnis. Esther hörte von anderen Christen, die Bibeln ins Land geschmuggelt hatten und denen dafür öffentlich die Köpfe zertrümmert worden waren. Auch sie wurde viele Wochen lang verhört und schließlich völlig geschwächt vor Hunger und Anstrengung nur deshalb freigelassen, weil die Regierung sie als Übersetzerin brauchte. Als diese Aufgabe beendet war, brachten dieselben Offiziere, die sie verhört hatten, sie höchstpersönlich an die chinesische Grenze. Sie durfte zu ihrem Mann und ihrem Sohn zurückkehren. Zurück in China kümmerte sie sich wieder um Menschen, die aus Nordkorea geflohen waren, und wieder kam sie ins Gefängnis, diesmal in China. Nach mehreren Monaten Haft und Folter wurde sie freigekauft, aber als ihre Hilfe unter Nordkoreanern danach erneut aufflog, wurde es endgültig zu brenzlig. Mithilfe einiger Freunde gelang es ihr, in ein anderes Land zu fliehen. Dort lebt Esther heute mit ihrem Mann und ihrem Sohn. Menschen aus Nordkorea hilft sie dort noch immer.

HEIDI BAKER

**1959*

HEIDI BEWARB SICH um ein Schuljahr in einem Indianer-Reservat, als sie sechzehn Jahre alt war. Sie wohnte in Kalifornien und hoffte auf ein Abenteuer. Zu Recht. Aber anders als gedacht. Im Reservat der Choctaw begegnete ihr zum ersten Mal im Leben wirkliche Armut. Es wimmelte vor Kakerlaken und als eine der wenigen Weißen wurde sie ausgegrenzt und fühlte sich einsam. Als ein Navajo-Prediger im bunten Indianermantel ins Reservat kam und Gottesdienste hielt, ging sie hin. Nach seiner Predigt rief er alle auf, nach vorne zu kommen, die anfangen wollten, ihr Leben nach Jesus auszurichten. Heidi war wie elektrisiert. Fast hatte sie das Gefühl, eine Hand würde sie nach vorne ziehen. Dort hatte sie eine tiefe Gottesbegegnung. Noch am nächsten Tag spürte sie innerlich eine ganz

neue Leichtigkeit. Abends besuchte sie einen weiteren Gottesdienst und freundete sich mit der Pastorenfamilie an. Sie begann in der Bibel zu lesen, lernte zu beten und erzählte unbekümmert auch anderen von dem Jesus, dem sie so unerwartet begegnet war.

Als das Austauschjahr zu Ende ging, überlegte sie, was sie mit ihrem Leben anfangen sollte. Die Antwort kam erneut in einem Gottesdienst. Sie war perplex, als sie fast hörbar die Stimme von Jesus vernahm: »Du wirst als Missionarin nach Afrika, Asien und England gehen.« Außerdem fühlte sie sich in diesem Augenblick so überwältigend von Gott geliebt, dass ihr Herz raste, sie zu weinen begann und sie so lange betend im Gottesdienstraum saß, bis alle anderen schon gegangen waren.

Wieder zu Hause in Kalifornien begann Heidi ein Studium am College und lebte zugleich leidenschaftlich ihren neuen Glauben: Sie eröffnete ein christliches Café für Obdachlose und Drogenabhängige, um ihnen Gottes Liebe zu zeigen, am Wochenende erzählte sie Wildfremden davon und in den Ferien begleitete sie Missionsteams in andere Länder. Da passte es gut, dass auch Rolland Missionar werden wollte, den sie auf einer Skifreizeit kennengelernt hatte. Kurz nach ihrer Hochzeit wollten sie nach Indonesien fliegen. Allerdings fehlten noch fünfhundert Dollar für die Tickets. Als sie mit wohlhabenden Bekannten über ihre Pläne sprachen, boten diese an, Rollands hochwertige Stereoanlage für fünfhundert Dollar zu kaufen. Doch Heidi hörte wieder einmal Gottes leise Stimme, die ihr zuflüsterte, sie sollten die Anlage verschenken. Rolland nickte, als Heidi ihn fragte. Nun brauchten sie ein kleines Wunder – und Gott belohnte ihren Mut: Der Prediger, mit dem sie in Indonesien zusammenarbeiten wollten, meldete sich und bot Rolland an, er könne bei einer Konferenz als Fotograf arbeiten. Für genau fünfhundert Dollar Honorar! Heidi verstand dieses eindrückliche Erlebnis als eine Art Versprechen, dass Gott sie immer versorgen würde. Später schrieb sie dazu: »Wir hatten Hunger, wir sind herumgereist, ohne zu wissen, wo wir in den kommenden Nächten schlafen würden. Es gab Zeiten, in denen wir uns noch nicht einmal eine Cola leisten konnten. Doch wir hatten immer genug, um das zu tun, was Gott wollte.«

Heidi und Rolland reisten sieben Jahre lang durch Asien und organisierten Veranstaltungen, in denen sie auf kreative Weise durch Theater und Tanz predigten. Dann hatten sie den Eindruck, sie sollten sich für Menschen in Armut engagieren. Sie arbeiteten in einem Slum in Indonesien, in Bali und einem Elendsviertel in Hongkong, bis Heidi schwer erkrankte. Damit sie sich erholen konnte, zogen sie nach London, schrieben ihre Doktorarbeiten in Theologie und gründeten eine Gemeinde unter Obdachlosen. Doch innerlich zog es sie zurück zu den Ärmsten der Armen – und ihr Blick richtete sich auf Mosambik.

Das Land war 1975 von Portugal unabhängig und zu einer sozialistischen Volksrepublik wie Russland und China geworden. Dagegen kämpfte die demokratisch eingestellte Widerstandsbewegung »Renamo« in einem sechzehn Jahre anhaltenden Bürgerkrieg. Viele der zu portugiesischen Zeiten gebauten Straßen, Schulen und Krankenhäuser wurden dabei zerstört. Über eine Million Mosambikaner starben, bevor es 1992 endlich zum Friedensabkommen kam.

Drei Jahre später wurde Rolland eingeladen, bei einer Pastorenkonferenz in Mosambik Vorträge zu halten. Das war die Chance, Ausschau zu halten, ob sie hier als Missionare arbeiten konnten! Rolland erfuhr, dass die Regierung das größte Waisenhaus des Landes nicht mehr betreiben wollte. Rolland fuhr kilometerweit durch tiefen Schlamm, um sich das

Kinderzentrum Chihango anzusehen, und war geschockt: Es glich eher einem Gefängnis, in dem die achtzig Kinder fast wie Tiere hausen mussten – ohne Toiletten, ohne Matratzen, ohne Strom. Sie schliefen auf dem nackten Zementboden, hatten Würmer und aufgedunsene Bäuche, weil sie nur manchmal von der Regierung etwas zu essen bekamen. Die Atmosphäre im Heim war aggressiv und es gab keinerlei Perspektive. Rolland war sicher, dass er die »Geringsten« gefunden hatte, von denen Jesus in der Bibel sagt, dass wir ihnen helfen sollen (vgl. Matthäus 25,31-40).

In England konnte Heidi es kaum abwarten, endlich nach Mosambik zu fliegen. Auf einer Auktion ersteigerte sie einen alten Allradlaster und fuhr mit zwei Freunden nach Chihango. Als sie die halb verhungerten Kinder sah, sagte sie zu Gott: »Tu etwas, Gott. Tu etwas durch mich!« Sie hatte selbst weder Geld noch etwas zu essen, bekam aber Unterschlupf bei der Mitarbeiterin einer Bibelschule. Später mietete sie eine Wohnung und ein kleines Bürohaus in Maputo. Sie brachte Lebensmittel zu den Kindern in Chihango, kaufte ihnen ihre ersten Teller und Zahnbürsten und reparierte das Gebäude so gut wie möglich. Die Gottesdienste, die sie in Chihango hielten, waren bald gut besucht. Auch die Kinder begannen, an Jesus zu glauben, die Lieder zu singen, selbst zu beten, und die aggressive Atmosphäre schlug um in Gottvertrauen.

Rolland und die beiden Töchter kamen nach und gemeinsam bauten sie eine wachsende Arbeit auf: »Wir wollen nur eins«, erzählte Heidi später, »wir wollen lernen zu lieben. Und Liebe muss sichtbar sein.« Deshalb ließen sie sich von der Not berühren, die ihnen begegnete – wie auf der Müllhalde in Maputo, die täglich von vielen Menschen auf der Suche nach Nahrung und Brauchbarem durchkämmt wurde. Dort gründeten sie in einem kleinen Gebäude eine Gemeinde, verteilten Brot, boten medizinische

Hilfe an und halfen, Hütten zu bauen. Sie eröffneten ein zweites Kinderheim und eine Bibelschule, um Pastoren in Mosambik und anderen afrikanischen Ländern zu ermutigen, sich um Menschen in Not zu kümmern. Sie bohrten Brunnen, es entstanden Schulen, Kliniken, Bibelschulen und im Laufe der Jahre Tausende Gemeinden. Als eine Flutkatastrophe Mosambik erschütterte, betrieben sie Flüchtlingscamps für mehrere Tausend Menschen. Da ihr Gemeindenetzwerk groß war, bat sogar das Welternährungsprogramm der UN sie um Hilfe bei der Verteilung der Hilfsgüter.

Rückschläge blieben nicht aus. Schon kurz nach Beginn stellte sich die Regierung quer und zwang die Bakers, das Kinderheimgelände innerhalb von zwei Tagen aufzugeben. Auf einmal standen sie mit über dreihundert Kindern ohne Dach über dem Kopf da. Mithilfe von zwei anderen Organisationen bauten sie Strohhütten und Armeezelte und mühsam ihre Arbeit wieder auf. Im nächsten Jahr bekam Heidi eine Lungenentzündung und musste eine Auszeit in Kanada nehmen. Erneut hatte sie eine tiefe Gottesbegegnung, in der sie den Eindruck hatte, Gott wolle in Afrika auch Wunder tun. Etwa ein Jahr später kam sie in ein Dorf, in dem die Bewohner sie in eine Hütte führten. Heidi traf dort eine blinde Frau und erinnerte sich an das Erlebnis in Kanada. Sie bat um Heilung für die Frau und sah buchstäblich, wie ihre blinden, weißen Augen sich veränderten und die Frau sehen konnte. Viele Male erlebten sie seither, dass Gott auch heute noch Wunder tun kann. »Aber allein körperliche Wunder hätten keinen Sinn«, ist Heidi überzeugt. »Das Wunder der Liebe muss im Mittelpunkt stehen. Jesus beruft mich dazu, jede einzelne Person zu lieben, die ich jeden Tag sehe.«

ZUM WEITERLESEN

GLADYS AYLWARD

M. A. Mijnders-van Woerden: *Gladys Aylward – Die Frau mit dem Buch,* Christliche Literaturverbreitung 2008.

MARTIN LUTHER KING

Ulrike Welker: *Martin Luther King entdecken,* Neukirchener Aussaat 2002.

Susanne Roll: *Sonny – Der große Traum,* Neukirchener Verlagsgesellschaft / camino im Verlag Katholisches Bibelwerk 2019.

SARAH BRENDEL

www.sarahbrendel.de (zuletzt aufgerufen am 20.08.2020).

NICK VUJICIC

Nick Vujicic: *Mein Leben ohne Limits – Wenn kein Wunder passiert, sei selbst eins!,* Brunnen Verlag 2011.

MARGARETE STEIFF

Gabriele Katz: *Margarete Steiff – Die Biografie,* Der Kleine Buch Verlag 2015.

FLAVIO SIMONETTI

Flavio Simonetti: *All In – Entscheide dich für dein bestes Leben,* SCM Hänssler 2019.

ESTHER AHMAD

Esther Ahmad mit Craig Borlase: *Die Glaubenskriegerin – Ich kämpfte um Allahs Aufmerksamkeit und fand Gottes liebenvollen Blick,* SCM Hänssler 2020.

BRUCE OLSON

Bruce Olson: *Bruchko – Ich schwör's bei diesem Kreuz: Ich töte euch!,* Asaph Verlag 2008.

DAMARIS KOFMEHL

Damaris Kofmehl: *Kämpferseele – Die Stürme meines Lebens,* SCM Hänssler 2020.

BRUDER YUN

Bruder Yun mit Paul Hattaway: *Heavenly Man – Die atemberaubende Geschichte von Bruder Yun,* Brunnen Verlag 2004.

JENN JOHNSON

www.brianandjennjohnson.com (zuletzt aufgerufen am 20.08.2020).

DIETRICH BONHOEFFER

Ulrike Welker: *Dietrich Bonhoeffer entdecken – Widerstand im Vertrauen auf Gott,* Neukirchener Verlagsgesellschaft 2001.

ASIA BIBI

Joseph Scheppach: Asia Bibi – *Eine Frau glaubt um ihr Leben,* Brunnen Verlag 2020.

GEORG MÜLLER

Georg Müller: *Und der himmlische Vater ernährt sie doch,* SCM R.Brockhaus 2005.

MUTTER TERESA

Christian Feldmann: *Die Liebe bleibt – Das Leben der Mutter Teresa,* Herder Verlag 2016.

FLOYD MCCLUNG

Floyd McClung: *An vorderster Front,* Jugend mit einer Mission 1991.

CORRIE TEN BOOM

Corrie ten Boom: *Die Zuflucht – Corrie ten Boom erzählt aus ihrem Leben 1892–1945,* SCM Hänssler 2019.

Judith Janssen: *Das Versteck im Uhrmacherhaus,* Neukirchener Verlagsgesellschaft / camino im Verlag Katholisches Bibelwerk 2015.

JIM ELLIOT

Elisabeth Elliot: *Im Schatten des Allmächtigen – Das Tagebuch Jim Elliots,* SCM Hänssler 2020.

JENNIFER STRICKLAND

Jennifer Strickland: *Bekenntnisse eines Topmodels – Ein ungeschminkter Blick hinter die Kulissen der Modewelt,* Gerth Medien 2012.

RICHARD WURMBRAND

Hilfsaktion Märtyrerkirche (Hrsg.): *Ungebrochen – die Kraft der Hoffnung, Die Geschichte von Richard und Sabina Wurmbrand,* Brunnen Verlag 2019.

KLARA BASILEA SCHLINK

Klara Basilea Schlink: *Wie ich Gott erlebte – Sein Weg mit mir durch sieben Jahrzehnte,* Evangelische Marienschwesternschaft 1975.

OLE RONKEI

Andreas Malessa: *Mein Herz in Afrika: Ole Ronkei – Begegnung mit einem Massai,* Gerth Medien 2010.

ESTHER CHANG

Esther Chang mit Eugene Bach: *Die Schmugglerin des Lichts,* Brunnen Verlag 2018.

HEIDI BAKER

Heidi Baker mit Rolland Baker: *Es gibt immer genug – Rolland und Heidi Bakers Dienst unter den Armen,* Asaph Verlag 2003.

Marc Waidelich

HELDENSCHMIEDE

Wie aus Jungs Männer und aus Männern Helden werden

Du willst dein eigenes Ding machen. Tun, was gut ankommt. Und irgendwie auch das Richtige. Aber so ganz klar, wie das genau gehen soll, ist dir das auch nicht. Dann ist das deine Challenge: Werde jemand, der wirklich was reißt. Ein Held! Bereit für das Abenteuer?

Als E-Book erhältlich:
ISBN 978-3-7751-7443-5

SCM
Hänssler

Christina Walch

RISE AND SHINE

Weil du kostbar bist

Sehnst du dich danach, endlich deinen Traummann kennenzulernen? Fragst du dich manchmal, ob die Träume für dein Leben überhaupt in Erfüllung gehen? Christina Walch weiß genau, wie sich das anfühlt. Ganz persönlich erzählt sie von ihren eigenen Erfahrungen und wie sie erlebt, dass nur Gott ihrem Herzen geben kann, was es braucht.

Als E-Book erhältlich:
ISBN 978-3-7751-7461-9

SCM
Hänssler